县供电公司副职负责人管理实践 案例

国网山西省电力公司 组编

浙江人民出版社
ZHEJIANG PEOPLE'S PUBLISHING HOUSE

国家能源局主管
中国电力传媒集团
CHINA ELECTRIC POWER MEDIA GROUP

图书在版编目（CIP）数据

县供电公司副职负责人管理实践案例/国网山西
省电力公司组编. —杭州：浙江人民出版社，2016.5
ISBN 978-7-213-07145-4

Ⅰ．①县… Ⅱ．①国… Ⅲ．①供电—工业企
业管理—案例—中国 Ⅳ．①F426.61

中国版本图书馆 CIP 数据核字（2016）第 016756 号

县供电公司副职负责人管理实践案例

作　　者：国网山西省电力公司
出版发行：浙江人民出版社　中国电力传媒集团
经　　销：中电联合（北京）图书销售有限公司
　　　　　销售部电话：（010）52238170　52238190
印　　刷：三河市百盛印装有限公司
责任编辑：杜启孟　宗　合
责任印制：郭福宾
网　　址：http://www.cpnn.com.cn/tsyxzx/
版　　次：2016 年 5 月第 1 版·2016 年 5 月第 1 次印刷
规　　格：710mm×1000mm　16 开本·13 印张·157 千字
书　　号：ISBN 978-7-213-07145-4
定　　价：**36.00** 元

编　委　会

主　任：刘建国

副主任：杨安泽　张玉红　杨　澜　王龙珠

编　写　组

主　编：张冠昌

副主编：张　宇　尚海霞

成　员：贾晓红　陈　嘉　张智宏　暴昱东

侯永亮　孙　弈　王昊宇　张阳阳

王普辉

前　言

为深入贯彻国网山西省电力公司八届三次职代会暨2016年工作会议精神，落实公司"6631"工作思路，按照公司加强基层基础工作要求，我们对县公司副职负责人培训中的"两个带来"成果进行了遴选汇编。

近年来，省公司人力资源部组织了多期县公司副职负责人培训，共培训县公司副职负责人 307 人次。培训期间，为深入挖掘、提炼、沉淀、传播县公司典型经验，公司提出"两个带来"，要求学员一是带来本单位在企业管理中的最佳实践案例；二是带来工作中的困难和问题。《县供电公司副职负责人管理实践案例》是"两个带来"优秀成果的总结和汇集。本案例重点针对基层管理上存在的困难和问题，对照专业管理要求，开展短板指标梳理、薄弱环节查找和存在问题分析工作，真正找准症结、对症下药。

国网山西省电力公司管理培训中心在省公司人力资源部的指导下，扎实深入开展优秀案例遴选工作，规范案例内容，制定评审标准，严格评审过程。县供电公司副职负责人的案例，经过国网山西省电力公司管理培训中心初审、公司系统专家复审、公司专业部门终审三个环节层层评审把关。在案例评选汇编过程中，经过从公司最基层的供电所到公司总部的层层选拔，最终 33 篇案例脱颖而出。根据工作实际和具体内容，案例集分为安全生产、营销服务、农电管理、综合管理四大类。

本书的出版得到省公司相关专业部门的大力支持，各专业专家为每篇优秀案例撰写点评意见，提炼亮点特点并指出适用范围，达到典型经验的借鉴、推广和创新的目的。希望本书能够促进基层供电企业之间的工作交流和经验分享，提升基层供电公司管理水平，为全面推进"两个转变"、全面建成"一强三优"现代公司发挥一定的作用。

编　者

2016 年 4 月

目　　录

安　全　生　产

营　销　服　务

农 电 管 理

综 合 管 理

安 全 生 产

提高运行巡检人员巡检速度

【单位简介】

国网古县供电公司担负着全县 7 个乡镇、111 个行政村的工农业生产和生活用电任务。管辖 35 千伏输电线路 10 条，总长 138.22 千米；10 千伏公用线路 14 条，总长 623.21 千米；用户专线和行业线路 23 条 113.6 千米；110 千伏变电站 2 座，主变压器 4 台，容量 161.5 兆伏安；35 千伏变电站 5 座。公司先后荣获省级安全生产先进单位、精神文明建设先进企业、农网安全生产先进集体等荣誉称号。

姓名　解志刚

单位及职务　国网古县供电公司副经理

【案例摘要】

随着无人值班变电站数量增加，巡检工作任务越来越重。巡检人员要利用有限的人力、时间，高质量完成巡检工作，就要利用先进的巡检方法。本文提出对变电站综自系统后台机信息进行分类，通过对重要信息设置光字界面，并设置合并为告警总光字，便于巡检人员及时发现设备异常，在确保巡检质量的前提下，大大缩短巡检时间，提高巡检效率。

一、具体问题描述

近年来，电网投资力度加大，建设工作随之加快，新建变电站相继投运。随着变电站无人值班化的推进，各县公司所辖变电站逐步实现了无人值班，这就要求巡检人员在对变电站按照巡视周期进行巡视检查时，必须在短时间内完成变电站巡检任务。

二、解决问题的思路和方法

变电站巡视检查工作，除了对设备外观进行检查、测温外，能发现设备异常现象的主要手段就是通过观测后台监控系统中各个设备遥信的状态变化。变电站遥信状态发生变化，会在后台监控系统报文对话框中发出相应的变位信息，巡检人员可以查看报文检查设备是否在正常状态。

目前，各变电站均为无人值班变电站，巡检人员按照巡视周期要求，每周对变电站进行巡视检查一次。变电站在有故障跳闸时，后台监控系统会发出大量的报文。运行人员逐条检查报文会消耗大量的时间，每检查一个变电站的后台监控报文平均要用 45 分钟左右，而且报文不够直观，容易漏查部分信息。

那么，后台巡视检查工作应如何解决报文多和巡检时间长的问题，如何提高巡检速度和效率？

经过对变电站遥信数据库的分析检查，我们发现一部分重要信息完全可以反映设备的运行状态。如果每次巡检对这些信息的状态进行优先检查，就可以初步判断出设备是否处于正常的运行状态，及时发现设备存在的缺陷和隐患。

为了便于对重要遥信信息进行重点监控检查，可以将这些信息制作成专门的界面和醒目的变位标志，从而使巡检人员在巡检时及时发现设备的异常状态，继而缩短巡检时间。可以借鉴常规变电站光字牌，将变电站重要信息制作成光字形式，在遥信信息变位时让光字也发生相应的颜色变化或闪光。

为了区分公用部分和不同间隔的遥信信息，可分别将公用部分和各个间隔的遥信光字制作在不同的界面。在巡视检查时，点击检查各个光字界面中光字的变位状态，就可以快速获取设备信息，缩短巡视检查的时间。

三、解决问题的实践过程描述

公司对所辖 110 千伏变电站后台监控系统重要遥信信息制作了光字界面。

首先，对变电站遥信数据库按照公用部分、主变压器部分、断路器间隔部分及各类设备间隔进行分类。

然后，组织变电运行、调度运行等专业人员进行讨论分析，按照分类，对每类设备的遥信信息进行筛选，将能反映设备运行状态的主要遥信信息筛选出来，确定制作光字的遥信信号。

公用部分包括 35 千伏、10 千伏各段母线接地信号，站用电系统运行状态信号，直流系统运行状态信号，各段母线电压互感器并列状态信号，备自投动作信号等。

主变压器部分包括保护及测控装置通信状态、保护测控装置告警信号、保护动作信号、非电量保护信号、冷却系统信号、有载开关遥控允许信号、中性点刀闸遥控允许信号等。

各类设备间隔包括保护及测控装置通信状态、保护测控装置告警信号、保护动作信号、重合闸信号、断路器状态信号和断路器遥控允许信号等。

最后，请后台监控系统厂家按照分类制作出对应的光字界面。

在光字界面制作完成后，巡检人员每次巡检时，在后台机上点击各个光字界面，检查这些重要遥信信息是否变位。

每个变电站遥信信息量很大，一个一般规模的 110 千伏变电站，其重要遥信至少在 400 条以上，变电站出线间隔多时甚

4

至可达 800 条。巡检人员对每个遥信光字界面检查,工作量仍然比较大,需要点击每个光字界面,每检查一个变电站需要 10 分钟左右。

为了能给设备现场检查提供更加充足的时间,在保证后台监控系统检查质量的基础上,尽量缩短检查时间。公司对光字界面做了进一步的改进。将每个光字界面的遥信信息汇总并制作告警总光字,放在后台监控主界面相应间隔处,当发生遥信变位时,相应的告警总光字就会发生变位。在巡检设备时,可先对后台监控的主界面进行检查,对各分画面的告警总信号有变位信息的间隔光字界面进行详细检查即可。这样就大大缩短了巡视检查的时间。

四、对实践过程的思考和对效果的评价

通过对变电站监控系统重要遥信信号进行光字化改进后,使得巡检人员在较短的时间内高效地完成后台监控系统检查,可以及时准确地发现设备运行中的异常信息,结合设备外观检查,能更好地判断设备运行状态,从而对应开展设备检修。

变电设备的巡视检查工作完成的质量将直接决定设备状态评价的结果,对设备全寿命管理起着至关重要的作用。如何有效地提高设备巡视检查工作的质量,是变电安全生产管理工作的重要课题。随着维护变电站数量的增多,对每个变电站巡检时间的要求越来越短,这就要求巡检人员必须在规定时间内完成设备巡视检查工作。提高巡检人员的业务素质,采用先进的巡检设备,使用科学的巡检方法都是提高巡视质量、缩短巡视检查时间的方法。

对光字界面的检查还可以推广应用到监控中心,这样可以大大减轻监控人员的工作强度。

㊛㊊点评

　　该案例介绍了国网古县供电公司无人值班变电站巡检的优化方法。提出对变电站综自系统后台机信息进行分类，通过设置重要信息光字界面，并设置合并告警总光字的方法，以便于巡检人员及时发现设备异常，在确保巡检质量的前提下，大大缩短巡检时间，提高了巡检效率。变电站综自系统信息分类方法，可广泛应用于各电压等级无人值班变电站巡检，还可以推广到监控中心巡视界面，以减轻人员工作强度，提高工作效率，具有较强的指导作用和推广示范意义。

双培双考　科学强基
推动安全管理再上新台阶

【单位简介】

国网垣曲县供电公司成立于 1959 年 11 月，担负着垣曲县电网建设和 5.3 万客户的供电任务。辖区内有 110 千伏变电站 3 座，主变压器 6 台，容量 196 兆伏安；35 千伏变电站 6 座，主变压器 12 台，容量 75.95 兆伏安；10 千伏线路 33 条，总长 810.55 千米；10 千伏配电变压器 628 台，容量 80.47 兆伏安。2014 年，公司荣获山西省文明单位荣誉称号，被国网山西省电力公司授予 2014 年度供电优质服务先进集体。

【案例摘要】

为提升安全生产管理水平和班组自主管理能力，国网垣曲县供电公司开展了"双培双考"活动，通过公司培训和部门培训两个层级对员工进行培训，以月度为周期，综合运用讲授、专题讲座、现场模拟演练、导师带徒等形式开展培训，同时在每月末对培训情况进行考核。通过"双培双考"活动的开展，员工综合素质得到了极大提升。

姓名　李立江

单位及职务　国网垣曲县供电公司副经理

一、具体问题描述

随着"三集五大"体系的全面建成，国网垣曲县供电公司管理机构和业务发生变动，减少了安全生产管理专职人员。面对垣曲县输配电设备分布点多、线长、面广，安全生产管理水平的提升和班组自主管理能力的提高成了亟待解决的突出问题。

二、解决问题的思路和方法

工作思路：根据人员、设备等的具体情况，公司本着"安全生产的弱点就是安全管理的难点，也是制定安全措施的重点"的工作思路，坚持以人为本，认真开展了"双培双考"活动，为提高全员安全素质奠定了良好的基础。

工作方法："双培双考"是公司以安全生产综合管理业务知识为重点，以月度为周期组织开展的培训和考核。部（室）、班（组）以专业管理知识为重点，结合工作中存在的"短板"，确定培训项目及内容，以月度为周期组织开展培训和考核。

三、解决问题的实践过程描述

（一）双重培训

公司多次召开专项会议研究安全管理工作，制定下发了国网垣曲县供电公司"双培双考"活动实施方案，成立了以经理为组长的工作领导组，明确了工作职责，确定了不同阶段安全生产培训考核的重点内容和要求。

公司培训以安全目标管理、规程文件学习、案例分析、标准化作业指导书编制、安全风险辨识与防范、安全性评价、信息化系统应用指导、应急处置、安全文化建设、专业基础知识等内容为重点，综合运用讲授式、研讨式、案例式、模拟式、情景体验式等多种形式开展培训。

部（室）、班（组）培训以规程文件学习、案例剖析、标准化作业指导书应用完善、"三措"制定管理、安全工器具管理、隐患及缺陷研判、信息化管理系统应用、应急演练、班组管理等内容为重点，采取安全日活动、班前班后会、专题讲座、小组讨论、现场模拟演练、QC 活动、导师带徒等形式开展培训。

为了支持"双培双考"工作，公司筹措资金，建设实训基地，具备了开展断路器、互感器等设备的安装调试和配电线路运检维护等实训操作的教学能力，并制作了网改、消防和设备检修影像教学片。同时，公司充分利用 SG186 安全管理系统和在线培训系统，分别建立了安全管理综合知识和专业知识题库。题库实行专人管理，始终保持实用性和时效性。

（二）双重考核

公司考核以理论笔试、抽签口答、现场操作考评等形式进行。考试前题库专责人按照培训项目类别，随机抽取两至三套试题，由经理审核选定。监考人员由领导班子成员和部（室）负责人按月轮流担任，不得少于 5 人。考试后由一位领导和两位专责批阅试卷，并负责统计汇总、张榜公布、综合分析和评估总结。

部（室）、班（组）考核以现场考评、违章识别、实践问答、技术问答等多种形式进行考核，突出"小、活、实、新"，重点是既要有严肃性还要有亲和力，达到以考促学、以学促用的目的。

考试实行百分制，80 分为合格。考试成绩不合格者，给予一周学习时间进行补考，补考仍不合格者，再给予一周学习时间进行二次补考，若三次考试均不合格，将采取离岗培训，直至考试合格后重新上岗。"五种人"第一次补考不合格者将取消其相应资格。

四、对实践过程的思考和对效果的评价

"双培双考"工作是长期而艰巨的任务，员工综合素质的提升需要全方位的不懈努力，设备安全隐患排查治理需要随时、随事、随地解决。一年来的努力实践，充分证明了"双培双考"活动是行之有效的工作方法。

"双培双考"活动使员工综合素质得到了极大的提升，员工考试合格率由 1 月的 50% 提高到 12 月的 98%，一次补考合格率由 97% 提升到 100%，考试平均成绩由 73 分提升到 91 分。全年公司累计开展培训考试 276 次，通报督查情况 4 次，并发放专项奖金或处罚相关班（组）及责任人。同时，公司将考试成绩作为人才选拔、先进评选、岗位调整和绩效考核的重要依据，有效地激发了员工主动求知的积极性。

"双培双考"工作法也得到了上级领导的充分肯定，国网运城供电公司先后两次在垣曲召开现场会，全面推广"双培双考"工作法。特别是 2012 年 11 月 12 日，省公司总经理到公司调研工作时，对"双培双考"工作法给予了高度评价："垣曲供电公司走出了一条培训、考试、提升相结合的新路子。"

路虽远，行则将至；事虽难，做则必成。安全生产工作意义重大、任务艰巨，但只要我们"行"，只要我们"做"，就一定能够实现我们的工作目标。"双培双考"必将会全面提高全体员工的综合素质，我们也将会打造出一支特别能战斗、特别会战斗、特别能胜利的高素质的电力队伍。

专家点评

国网垣曲县供电公司针对基层人员技能素质较弱，自主学习、自我提高意识不强等实际情况，开展了以公司和部门分层次相结合的"双重培训"和"双重考核"基层技能提升培训活动，公司以理论、规程制度为主，部门以现场实操为主。活动思路清楚，目标明确，具有针对性和实操性，在基层单位具有借鉴意义和推广价值。

高损线路降损

【单位简介】

国网太原市晋源区供电公司成立于2008年8月，担负着晋源区288平方千米的供电任务。公司共管辖10千伏开闭所1座；10千伏配电线路共50条，总长度660千米；10千伏配电变压器共1424台，总容量为381.34兆伏安。公司先后荣获2011年度国网山西省电力公司电网先锋党支部等荣誉。

【案例摘要】

国网太原市晋源区供电公司针对高损线路及台区进行分析和检查工作，确定了高家堡线路为当年的降损示范线路。公司成立降损领导小组，建立健全线损管理网络体系，完善了线损管理办法和有关管理制度、考核办法。经过3个月严格规范的线路跟踪，在这条线路上排查出人为窃电、树障漏电及线路老化等多项影响线损的原因，并进行整改处理。在整改过程中坚持"三不放过"的原则，通过多项措施的逐一落地，使线路的损耗呈明显下降趋势，同时也总结出了一套较为完善的线损管理办法。

姓名 刘 凯

单位及职务 国网太原市晋源区供电公司副经理

11

一、具体问题描述

2013 年是省公司的"线损管理年",国网太原市晋源区供电公司按照年初制定的降损计划,对高损线路及台区进行了分析和检查,初步确定本次降损工作示范线路为高家堡线。高家堡线线损居高不下、非正常波动一直是国网太原市晋源区供电公司线损管理工作的"症结"。2013 年初,结合省公司开展的"线损管理年"活动,公司成立降损领导小组,建立健全线损管理网络体系,完善了线损管理办法和有关管理制度、考核办法,建立月度线损分析考核例会制度,逐月分析考核,严格奖惩。

高家堡线为 10 千伏供电线路,全长 3.2 千米,导线型号为 JKLYG-185/120 裸线,线路上共计有 40 个专用变压器和 12 个公用变压器。

二、解决问题的实践过程描述

降损工作小组首先排除了供、售电量统计口径不一致的问题,通过计量采集系统对高家堡线 3 个月的高、低压线损数据进行跟踪;再以 2013 年 4 月为代表月进行线损的理论计算及分析,计算范围包括线路关口范围内的供电线路、变压器及 10 千伏有损设备、10 千伏及以下配网线路及设备。通过计算得出:高家堡线理论线损值为 5.22%,其中 10 千伏线路损耗占到总损耗的 39.60%,380 伏及以下低压线路损耗占总损耗的 60.40%。实际线损完成情况如下表:

高家堡线	2 月	3 月	4 月
高压线损	8.14%	8.16%	9.27%
低压线损	26.34%	26.37%	56.65%

从以上对比可以看出高家堡线在低压台区管理上存在较大问题。

降损工作小组将工作的突破口确定在 12 个低压台区上。通过分析得出，低压台区存在的主要问题有台区基础信息不准确、表计轮换滞后和客户窃电情况严重3个方面。

通过集抄系统的跟抄，工作人员很快发现姚村5号台区，高家堡10号台区、11号台区每月有长时间失压情况。2013年5月8日，工作人员对上述3个台区进行突击检查（未通知该台区的抄表员），在到达现场后发现上述3台区表计部分均有铅封锁定，但无锁具。因此，起先并未对3台区进行进一步的检查，当检查完另外几个台区后，并没有查出失压的原因，继而又回到高家堡11号台区。工作人员打开铅封，并对铅封号进行了登记，检查表计均正常工作，但在排查电表的电压进线时，发现ABC三相电压线接线处虚接，有明显的人为痕迹。

在对集中器数据检查中，发现该台区失压时间与信息采集系统中的数据基本吻合，工作人员初步确定这是一起窃电事件。随后，对高家堡10号台区、姚村5号台区检查中，也发现两相电压线接线处虚接，窃电手段基本相同，事后确定了这是一起人为利用技术手段盗电事件。

三、解决问题的思路和方法

查出3个台区上的窃电大户，宣布降损工作首战告捷。降损小组并没有因此而懈怠，针对前期分析存在的问题，继续制定相应的降损措施：

（1）加强表计管理工作。公司对这条线路的所有用户进行了智能表更换，以采集工程建设为抓手，以公、专用变压器采集上线为突破口，梳理线路台区关系，纠正串户档案，确保线路台区线损统计数据真实，强化现场调试环节管控，实现了全覆盖、全采集、全费控。

（2）针对该条线路上所有台区，建立了台区基础信息档案，档案中详细记录了每个台区的容量、互感器、表号、封印号、高低压户数、客户日均、月均电量以及生产经营状况等。

（3）加强 10 千伏和低压台区的树障清理工作，清理和修剪了影响线路安全运行的树障，减少了线路故障，降低了电量跑冒滴漏。

（4）以线路、台区线损理论计算数据为基准，对该条高损线路、台区进行专题分析，找出影响线损波动的原因，针对性解决问题。

（5）依托农网改造升级工程更换绝缘导线 9.22 千米，有效解决了树障过多对线损的影响及树障清理难度大的问题。对线损较高，线路较长、负荷较大的线路安装了无功补偿装置，提高了功率因数，改善了电压质量。

（6）坚持"三不放过"（线损原因分析不清不放过、问题不解决整改不放过、人为责任未受到考核处理不放过）的原则，由客服中心分解下达线损指标，与各供电所、相关专业班组签订责任书，确保节能降损工作抓出成效。

（7）加大舆论宣传和社会监督力度，定期开展营业普查和反窃电专项检查活动，重点对厂矿、农业排灌、加工、商业、临时用电等进行用电检查工作，实施采集在线监测和现场检查相结合，定期或不定期地对用户的用电设备、计量装置进行检查，杜绝错误接线和偷漏电现象的发生。

四、对实践过程的思考和对效果的评价

通过以上措施的实施，高家堡线路线损呈逐月下降趋势，线损管理工作取得了一定的成绩，有效地打击了该片区的窃电行为，上述台区的单月线损 5 月下降至 22.36%，6 月下降至 15.87%。

（1）整合、完善与充分利用电能量采集系统、营销系统、营销稽查监控系统等线损管理技术资源，提高线损管理信息化水平，加大线损指标的日常监控和整改落实力度，提高线损管理的过程管控水平。

（2）加强线损小指标管理。把线损分解成小指标纳入同步管理。剔除抄表时间差异、抄表路径变化、各条线路理论计算值的偏差等客观原因，各所指标分解到线路和台区，明确责任，鼓励所包变、人包线至台区，确保指标分解到位，责任落实到人，奖罚分明、责权利共担。

（3）实行供售电量同步抄表，减少因时间差带来的线损波动。方法有二：一是严格执行抄表日制度，确保大客户和用电变动频繁的客户（如农业排灌等）的月末抄见电量比重不低于75%的数值；二是提高台区用户、台区考核表、线路关口表采集成功率，通过自动化抄表，消除人员手工录入引起的误差，确保数据完整准确。

（4）合理划分职能部门的分工，实行业务职能与绩效挂钩考核。线损率是一个需要各部门共同努力，才能完成的指标，需要充分调动大家的积极性，完善电网布局，加强电压及线路功率因数的监控，有效降低技术损耗。

（5）"分"是线损管理的基础，解决了"分"的问题就解决了线损"理不清，说还乱"的问题。但要真正调动人的积极性，实行人与事的最佳配置，还应有制度上的创新，使线损率指标不断优化，变成职工的自觉行动。

（6）加强稽查力度。通过到现场查计量、查接线、查抄表、核变比等手段查找线损高的原因；积极进行警企联合，开展打击、预防窃电专项活动。借助营销监控系统，实施网上用电稽查，按月、季度通报各类违规用电情况。

（专）（家）（点）（评）

　　线损率是影响供电企业经济效益的重要指标之一，影响线损率的因素较多，其中因窃电而损失的电量一般也计入线

损中。本文介绍了一起人为利用技术手段进行窃电，从而导致
线损率大幅上升的事例，并从技术上和管理上提出了相应的整
改措施。从案例的结果来看，采取的措施是有效的。该案例中
的反窃电措施及线损管理办法值得其他供电企业借鉴。

加强电力设施保护工作的实践

【单位简介】

国网平陆县供电公司成立于 1958 年 3 月，担负着平陆县电网建设和 7 万客户的供电任务。辖区内有 110 千伏变电站 3 座，主变压器 6 台，容量 260 兆伏安；35 千伏变电站 8 座，主变压器 13 台，容量 119.2 兆伏安；10 千伏线路 42 条，总长 1045.54 千米；10 千伏配电变压器 1774 台，容量 291 兆伏安。2007 年被国家电网公司评选为一流县级供电企业。

【案例摘要】

电力设施是电力企业生产经营的基础，保护电力设施安全是保证电力系统安全、稳定运行和电力可靠供应的基础和关键环节。公司经过近几年电力设施保护管理工作实践，采用"三深化、三到位"的工作方法，通过加强护线宣传，构建政企、警企共建合作机制，规范电力线路外部隐患跟踪管控，落实防范等措施，电力设施保护工作取得了良好实效。

姓名　卢红平

单位及职务　国网平陆县供电公司副经理

一、具体问题描述

（一）电力线路保护区内树线矛盾日益突出

都说"大树底下好乘凉"，然而线路廊道内郁郁葱葱的树木却成了供电企业的心病，仅以10千伏坡底5709线路为例，该线路全长2870米，穿越政府规划的退耕还林区的就有963米，廊道中的树线矛盾尤为突出，线路廊道内需砍伐的树木有2433棵，大多为退耕还林所栽种的洋槐树。每年全县都会因导线和树木搭挂多次引发线路掉闸，给企业的生产和群众的生活造成不便，公司为此付出了大量的人力和精力，做了大量的工作。自2013年以来，公司共下发此类隐患通知书42张，制止违章建设24起，清除违章建筑和危及电网的安全隐患78起，修剪、清除树障1526棵，清除线下堆物129处。

（二）保护区内野蛮施工和盗窃电力设施现象愈演愈烈

近年来，平陆县经济迅猛发展，各种基建工程相继破土动工，因部分单位在施工过程中的种种疏漏或任意蛮干，造成外力破坏事故不断发生，如挖掘机挖断电缆，推土机撞倒电杆等；部分群众电力设施保护意识较差，有的在杆塔附近挖土，造成基础埋深不够，有的随意倾倒垃圾、土石导致基面抬高，造成导线对地安全距离不够；一部分犯罪分子利欲熏心，盗窃塔

图 1

图 2

图 3

材、配电变压器、线路导线等。这些外力破坏事故对电力设施的危害极大，对经济发展也会造成较大的损失，给当地居民生活带来不便。

（三）人为过失和"无知"行为破坏电力设施事件时有发生

人们在日常生活中的"无心"之过或"无知"之举而造成破坏电力设施的事件也是时有发生。例如：机动车肇事撞断、撞倒杆塔；高处抛坠物品，砸断架空线路；在电力线路附近放风筝、飘放氢气球等，导致电力线路发生短路；用电不规范，私拉乱接，触及 10 千伏线路引起停电或烧毁家用电器，并引发火灾。这些情况在危及、破坏电力设施，使供电企业遭受损失的同时，往往给自身造成重大伤害。

19

二、解决问题的思路和方法

（一）加强内部管理，提高整体防控水平

公司把做好电力设施保护工作、控制外力破坏事故发生、降低外力破坏事故的发案率作为公司全年奋斗目标之一，要求各部门进一步分解目标、落实责任，细化措施，把电力设施职责明确到班组、到人头，从严考核，把工作立足点放在加强公司内部管理上，不断提高公司的整体防控水平。具体体现在以下几个方面：一是加强公司电力设施保护体系建设，注重各部门的内部协调配合，完善系统内部县、镇（乡）、村三级护电网络。二是建立健全电力设施保护责任制，认真制定公司电力设施保护管理制度，把电力设施保护工作作为包括各乡镇供电所在内的各相关部门的重要工作。三是强化整改力度，对线路保护区范围内危及电力设备安全的建筑物、构筑物和超高树木进行清理整改，重要的工程现场专人看守，确保电力设施的安全。四是加强对巡线员的管理，严肃责任追究，同时大力开展群众护线工作，对及时发现、举报、制止重大安全隐患或有特殊贡献者给予奖励，充分调动他们的工作积极性，提高防护功能，强化综合防御体系。

（二）加强外部沟通，争取政府大力支持

《山西省电力设施保护条例》于 2014 年 9 月 1 日正式颁布实施，该条例为公司开展电力设施保护工作提供了强有力的法律支持。公司积极与政府部门沟通，成立了以副县长为组长，公安、安监、经信、发改、国土、住建、交通、林业等部门一把手为成员的电力设施保护工作领导组，明确各相关单位职责，定期召开专项会议，协调解决电力设施保护的重大问题，组织编制平陆县电力发展规划，使其与土地利用总规划和城乡规划相协调，并按照规划统筹安排电力设施用电、电力线路走廊和电缆通道，同时出台电力设施建设占地、青赔补偿标准。进一

步加强电力设施保护工作和安全用电管理，建立健全电力设施保护工作的长效机制，有效遏制电力设施外力破坏行为，保障电力设施的安全运行。构建政府统一领导，有关部门齐抓共管，全社会广泛参与的电力设施保护工作格局。

（三）加强宣传力度，努力改善外部环境

通过电视、广播、网络、报纸、宣传单、张贴画等多种形式，向社会各界广泛宣传电力设施保护、安全用电、节约用电等知识。利用电视台连续播放电力设施保护宣传教育片，同时在《电力资讯》栏目定期播放《山西省电力设施保护条例》，使群众及时、全面地了解国家关于电力设施保护的相关法律、法规。制作《电力设施保护条例》宣传牌、警示标志牌，悬挂于各主要输电线路的杆塔上，以此推动全社会共同关注电力设施运行环境，逐步形成群防群治的群众护线局面。

三、解决问题的实践过程描述

在电力设施保护工作中，公司制定了《电力设施保护工作实施方案》，积极与县政府各有关单位相互协调，互相沟通，形成共识，凝聚合力。按照"三深化、三到位"的工作方法，全面扎实有效地开展工作。

（一）三深化

1. 深化宣传活动

通过现场活动、平面宣传、媒体传播、手机短信、电视游飞字幕等多重手段，重点在案件易发区域和农村集市，以及输电线路附近施工作业现场，废旧物资收购站点，塑料大棚和吊车、挖掘机等特种作业车辆集散地进行宣传，实现电力设施保护普法宣传进农村、进社区、进社会、进学校、进家庭。组成7支党员服务队，深入各乡镇开展"农村用电安全"宣传活动，向农村群众广泛宣传电力法规和安全用电常识。开展电力设施保护宣传"三下乡"活动，让电力设施保护及安全用电知识走进农村，贴近农民，服务农业。通过各种宣传活动，扩大社会认知面，教育和引导人民群众踊跃参与巡线护线活动，提高社会大众维护电力设施安全的自觉性和积极性，营造全民参与保护电力设施的氛围。

2. 深化巡查力度

针对季节特点，不断加大线路、设备巡查力度，重点对地处偏远、人流量较少和易发盗窃案件的区域实行动态巡视，组织针对性巡逻，并适时增加夜巡、特巡次数，在此基础上在全县分片分段聘请义务巡线员开展线路巡查，及时发现排除危及线路、设备安全的隐患，切实做到事故隐患第一时间发现、第一时间处置。

3. 深化责任落实

在公司内部按照线路通道行政区域划分和"属地管理"原则，建立以供电所为主体的电力设施防护体系，分片包干落实责任制，将护电职能层层分解到班组，把具体任务落实到岗位。在公司外部联合经信局，会同有关部门以及电力线路各单位，建立群众护线组织并健全责任制，会同当地公安部门，加强所辖区域电力设施的安全保卫工作，依法受理违反电力设施保护相关法律、法规行为的举报和投诉，查处破坏电力设施的违法行为，形成全员参与、协调联动的护线工作格局。

（二）三到位

1. 与政府联动到位

针对电力设施保护区内违章建房、违章植树等现象，依据《山西省电力设施保护条例》及平陆县人民政府下发的《关于成立平陆县电力设施保护领导组的通知》中规定的各相关部门职责，积极协调县安全监督局、住房与规划建设管理局、林业局、国土局等部门，建立联动互通机制，从审批环节入手，杜绝电力设施保护区内的违章建筑、违章植树等现象。加强与当地政府、村委会及县直相关部门的协调与配合，及时沟通涉及"线树"、"线房"的问题，并主动通报电力设施保护区域内存在的各类隐患以及遇到的实际困难，积极争取各级政府部门的理解、支持和帮助，确保电网安全稳定运行。对盗窃、破坏电力设施，收赃、销赃等违法违规行为，与公安、工商部门联合整治，开展打击涉电违法犯罪专项行动，加强警企合作，通过内动外联，有效打击、震慑、遏制盗窃与破坏电力设施的违法犯罪行为。对弱电线路搭挂问题，配合电视台、通信部门对电力杆（塔）上搭挂的闭路线、通信线进行全面排查，对威胁电网安全运行和人身安全隐患的线路进行拆除。

2. 防护措施到位

结合新一轮农网改造升级工作，对各乡镇绿化带上方的输电线路采取绝缘线敷设，避免形成树线隐患。建立施工点排查档案，加强排查力度，消除线路防护隐患。安排专人跟踪线路走廊内城建、绿化施工等大型项目进展的时间节点，通过采取与相关单位签订安全协议、缩短巡视周期等方式，全力保证电网安全稳定运行。强化警企合作机制，成立警企联合反窃电工作组，定期分析总结窃电犯罪案件、侦查取证方法等问题，对线损居高不下和所带用户短期激增的线路实行突击检查，确保窃电行为发现一起，处理一起。

3. 防外力专项治理到位

开展防外力专项治理行动，在广泛开展群众性防外力破坏宣传的基础上，将防外力破坏的重点放在了特种车辆驾驶员和车主身上。建立起大型特种作业机械客户档案，定期对机械操作手进行安全培训，提高其护电意识，全面排查、梳理易对电力设施造成威胁的建设施工及潜在隐患点，对重大隐患点实行24小时蹲守，发现问题及时制止。

四、对实践过程的思考和对效果的评价

公司和政府、公安局等部门密切配合，协同作战，无论在加强内部管理、保障输变电设备安全，还是配合打击涉电犯罪、保障重点工程建设等方面，都取得了一定的成效。公司电力设施保护工作基本上形成了条块结合、工作有序、措施得力、成效明显的新局面，有力地保障了全县社会经济的稳定发展。

专家点评

该案例提出了电力设施保护的新思路，并采用"三深化、三到位"的工作方法进行落实，与政府联动和防外力破坏的具体做法值得学习、借鉴和推广。

降低 35 千伏线路故障跳闸次数

【单位简介】

国网阳城县供电公司成立于 1972 年，担负着全县 110608 用电户的供电任务。辖区内有 110 千伏变电站 2 座，35 千伏变电站 14 座，10 千伏开闭所 2 座；35 千伏线路 25 条，全长 203.97 千米；10 千伏线路 71 条，全长 1203.91 千米；10 千伏配电变压器 904 台；低压线路 1489.71 千米。2010 年被国家电网公司评选为一流县级供电企业。

【案例摘要】

随着经济的发展，人们对供电可靠性的要求越来越高，为此，公司将"降低 35 千伏线路故障跳闸次数"作为一项安全生产重要任务来抓，通过采取一系列有效措施，经过不懈的努力，公司 35 千伏线路故障跳闸次数呈逐年递减趋势，为公司电网安全、可靠运行奠定了坚实基础。

姓名　吴谢东

单位及职务　国网阳城县供电公司副经理

一、具体问题描述

35 千伏线路是连接变电站的桥梁,直接关系到 10 千伏线路运行的安全可靠。为实现全年 35 千伏线路"0 故障跳闸"目标,公司将逐年降低 35 千伏线路故障跳闸次数作为重点工作来抓,线路故障跳闸从 2009 年 21 条次降为 2012 年 8 条次,跳闸率从 11.56 次/百公里·年降为 4.41 次/百公里·年,故障呈现逐年递减趋势,但距离全年"0 故障跳闸"的目标还有一段差距,公司将持续推进整治措施,为实现"0 故障跳闸"继续努力。

二、解决问题的思路和方法

（一）数据统计

2009—2012 年 35 千伏线路故障跳闸情况,如下表所示:

时间	跳　闸　次　数							合计
	外力因素	雷雨天气	运行维护不当	设计安装不当	设备本体	用户原因	其他原因	
2009 年	2	16			2		1	21
2010 年	3	13			1			17
2011 年	2	11			3		1	17
2012 年		6			1		1	8
合计	7	46			7		3	63
百分比%	11.11	73.02			11.11		4.76	

从线路跳闸总次数、故障类型、故障线路角度,分别对统计数据进一步分析,如图 1—图 3 所示。

1. 跳闸总次数统计

2009 年,35 千伏线路故障跳闸 21 条次,跳闸率为 11.56 次/百公里·年;2010 年,35 千伏线路故障跳闸 17 条次,跳闸率为 9.36 次/百公里·年;2011 年,35 千伏线路故障跳闸 17 条次,跳闸率为 9.36 次/百公里·年;2012 年,35 千伏线路故障跳闸 8 条次，跳闸率为 4.41 次/百公里·年。

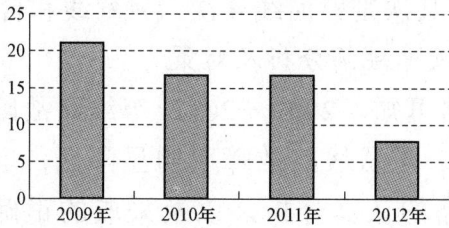

图 1　2009—2012 年线路故障跳闸次数

2. 故障类型统计

雷雨天气、设备本体、外力因素是引起线路故障跳闸的主要原因，占总故障类型的 95.24%。

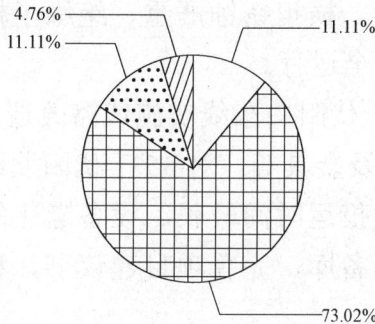

图 2　故障类型

□外力因素　▦雷雨天气　▤设备本体　▨其他原因

3. 故障线路统计

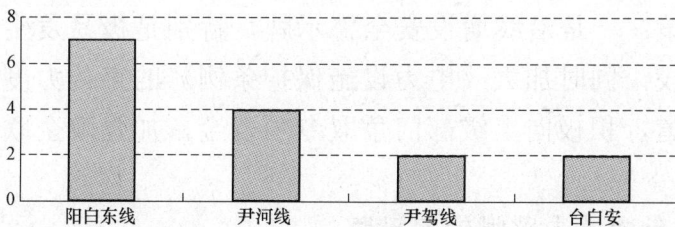

图 3　2009—2012 年跳闸较多线路次数统计

27

在 2009—2012 年线路跳闸统计中，阳白东线故障跳闸次数较多，为 7 次，其次是尹河线 4 次，尹驾线和台白安线各 2 次。

（二）线路故障跳闸分析及对策

从上述数据可知，2009—2012 年线路故障跳闸次数呈逐年递减趋势，35 千伏线路故障率明显降低，取得这些成绩离不开对故障线路的认真分析，以及采取的正确治理策略，具体如下：

1. 针对线路设备老化问题

分析：公司共负责运维 35 千伏输电线路 25 条，总长度 203.97 千米，运行时间在 10 年以上的线路有 9 条，长度 75.1 千米，占 36%。以 35 千伏阳白东线、阳北线为例，投运于 1994 年，存在导线断股、横担锈蚀严重、绝缘子杆身裂纹等现象，严重影响线路的安全运行。

对策：对 35 千伏阳白东线实施线路改造，全线更换架空导线、绝缘子、杆塔及金具等，对 35 千伏阳北线全线绝缘子进行更换。同时，针对投运时间较长、设备老化的其他线路，纳入近三年大修技改储备库，完善项目建议书，积极争取大修技改项目资金。

2. 针对 35 千伏线路通道受阻问题

分析：一是外力破坏，主要是车辆碰线。二是树线矛盾突出，上级部门下拨资金有限，砍伐赔偿较难达成。三是线房及其他矛盾。

对策：一是沿线增设安全警示牌，特别是极易发生车辆碰线的地段，同时加大《电力设施保护条例》的宣传力度。二是拓宽渠道，积极向上级部门争取专项资金，加强政企联合，整章建制。

3. 针对雷击跳闸较多问题

分析：雷击跳闸主要集中在 6 月至 7 月，其中 6 月 20 日—7

月 30 日极易发生雷雨大风天气。雷电活动多位于地势较高山区，而阳城县地处山区，夏季雷电活动较为频繁。经统计，2009—2012 年 35 千伏线路故障总跳闸数为 63 条次，其中雷击跳闸 46 条次，占 73.02%，暴露出 35 千伏线路耐雷水平低的问题，主要有接地电阻超标、绝缘子耐雷水平低、架空地线布设不到位等方面。

对策：对 35 千伏台白安线、尹驾线、尹河线实施专项防雷改造。

三、解决问题的实践过程描述

（一）抓好责任细化，加大考核力度

首先，公司把线路跳闸纳入月度考核指标，制定了《线路维护考核办法》，实行分层管理，责任细化到人；其次，引入奖惩机制，将月度考核与员工绩效挂钩，实施重奖重罚的措施，奖罚分明，为线路安全运行提供制度保障。

（二）注重电网建设，强化日常管理

加强设备改造力度。对阳白东线、阳北线等 35 千伏老旧线路进行重新规划，如在阳白东线杆塔位置，新建杆塔 59 基，更换 LGJ-185/30 导线 15.97 千米，在 1 号—9 号、50 号—59 号杆塔架设 GJ-35 地线 4.329 千米，更换全线杆塔金具，对阳北线全线 504 片绝缘子进行更换等。

加强电力设施整治。针对 35 千伏线路通道进行专项整治。措施有 3 点：一是为防止外力破坏发生，对 25 条线路加装安全警示牌 126 块，沿线走访村庄 67 个，积极与当地居民沟通，为他们详细介绍破坏电力设施的危害与保护电力设施的重要性，并发放《电力设施保护条例》1634 份。二是积极与当地园林部门、用户沟通，商谈赔偿，对 21 条 35 千伏线路通道树木进行砍伐修剪，共计修剪树木 203 棵、砍伐树木 116 棵，彻底清除线路通道安全隐患。三是对于线房及其他矛盾，共计下达隐患整改通知书 28 份，处理线下塑料薄膜 31 处。

实施专项防雷改造。采取接地电网改造、架设避雷线、绝缘子差异化配置 3 个措施，来提升线路耐雷水平。

第一，接地电网改造。以 35 千伏台白安线为例，对 44 基杆塔接地电网进行了改造。接地改造前，存在以下 5 个问题：一是接地测量电阻值大于 10 欧姆，不满足小于 10 欧姆的要求；二是接地极埋设深度小于 0.5 米，不符合接地网埋深深度的要求（如图 4 所示）；三是接地敷设圆钢直径小于 10 毫米，不符合圆钢直径的要求（如图 5 所示）；四是接地圆钢焊接长度小于其直径的 6 倍，不符合焊接要求（如图 6 所示）；五是接地网未向两侧放射，不满足以两基杆塔为中心向两侧进行放射的要求（如图 7 所示）。

图 4

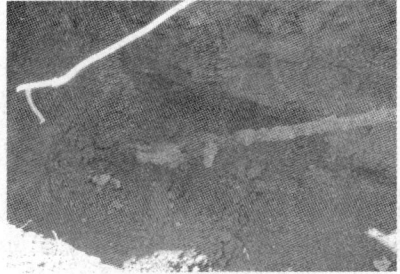

图 5

图 6

图 7

　　接地改造后，效果如下：一是 44 基杆塔接地电阻实测值均小于 10 欧姆，满足要求；二是接地极深度、圆钢直径、焊接长度均满足规定要求（如图 8、图 9 所示）。三是接地网放射范围、长度满足要求（如图 10、图 11 所示）。

图 8

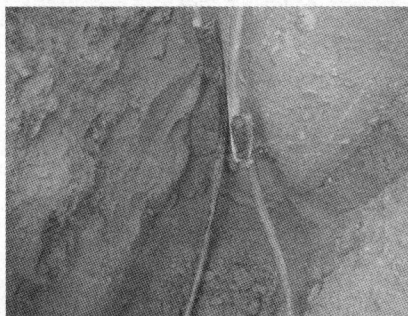

图 9

图 10

图 11

　　第二，架设避雷线改造。以 35 千伏尹驾线为例，8 号—38 号新增避雷线 8.66 千米，图 12、图 13 为施工人员正在架设避雷线。

　　第三，绝缘子差异化改造。以 35 千伏阳北线为例，对 4 号、5 号、9 号、12 号、13 号、15 号—20 号等 22 基直线杆塔绝缘子进行了差异化配置，在中相绝缘子保持 3 片不变的前提下，在边相各增加 1 片绝缘子，共加装绝缘子 44 片。图 14 所示为改造后的效果。

图 12

图 13

同样，随着逐年持续对 35 千伏线路防雷改造加大力度，35
千伏润北线、阳尹线、尹河线、尹西线也采用上述改造技术，
使公司线路雷击跳闸次数由 2009 年的 16 条次逐年下降为 2012
年的 6 条次，防雷效果明显。

图 14

四、对实践过程的思考和对效果的评价

实践思考：一是制度制定要合理，结合工作实际，细化工
作、分层管理、责任到人，实施绩效考核办法，引入奖惩机制，

确保制度可行。二是管理布局要全面，做好大修技改工程的规划、储备工作，积极争取项目资金，同时结合日常设备运维工作，大力宣传《电力设施保护条例》，确保工程项目落实到位、宣传起到作用。三是专项防雷要可行，在分析雷电原理的基础上，结合线路运行情况，转变思路，有针对性地采取不同的防雷措施，确保防雷措施可行、效果最佳。

效果评价：通过逐年从老旧线路改造、线路通道治理、专项防雷改造三方面对 35 千伏线路进行整治，2009—2012 年线路故障跳闸次数呈逐年递减趋势，上述措施与实际情况相结合，具备理论合理、实施可行、效果明显等优点，具有较强的可操作性，有效降低了 35 千伏线路故障跳闸次数。

专家点评

该案例分析了线路跳闸情况，提出并落实措施，取得较好效果。尤其是从不同维度进行分析，找出主要因素，有针对性地进行改造，图文并茂，值得学习。

电力设施保护存在的问题与对策

【单位简介】

国网五台县供电公司担负着五台山风景区和县境工农业生产建设供电任务,年售电量 5 亿千瓦时。管辖 110 千伏变电站 5 座,容量 334.5 兆伏安,线路 9 条,全长 138.35 千米;35 千伏变电站 5 座,容量 51.5 兆伏安,线路 13 条,全长 214.89 千米;10 千伏线路 44 条,全长 1444.59 千米,10 千伏开闭所 3 座。先后荣获省级文明单位、山西省文明和谐单位标兵、山西省优秀企业、山西省安全生产先进单位、国家电网公司文明单位等荣誉称号,2005 年被山西省电力公司评选为一流县级供电企业。

【案例摘要】

《山西省电力设施保护条例》的颁发,充分体现了省政府对电力设施保护工作的重视,也充分说明了电力设施保护工作对保证电力设施安全运行的重要性。如何采取有效措施避免由施工破坏、树房矛盾、树线矛盾引起的线路掉闸,提高设备运行可靠性,是当前的一项重要工作,对于提高线路安全运行、确保可靠供电,也有着重要的意义。

姓名　薛　臣

单位及职务　国网五台县供电公司副经理

一、具体问题描述

五台电网位于忻州电网的末端，由于五台县地理面积大，所以维护的设备多，电力设施保护工作面临很大的压力。

（一）野蛮施工损坏电力设施案件激增

据不完全统计，2012 年 1 月—12 月，在市区供电范围内因野蛮施工造成 10 千伏及以上电压等级电力设施损坏而引起的输电线路跳闸停电事故共计 30 余起，直接经济损失 50 余万元。这些野蛮施工原因主要包括施工吊车、泵车碰上高压电线，挖掘机挖断电缆造成短路等。

施工单位在 110 千伏××线 29 号—30 号杆塔走廊下方违章施工，现场施工吊车摆臂碰触导线，造成线路掉闸事故（如图 1 所示）。

图 1

（二）违章建房对电力设施安全运行构成严重危害

2012 某年 1 月—12 月，公司在巡线过程中，发现在电力设施保护区内违章建房多达 12 起。110 千伏××线 50 号—51 号杆塔走廊下方的违章建房，导线与房顶垂直距离仅 3.0 米（如图

2 所示），易造成人员触电和线路掉闸事故。

图 2

（三）树线矛盾成为电力设施新杀手

为了改善城市居住环境，美化市容，保持和巩固园林城市，种植树木以绿化、美化城市固然重要，但在种树绿化过程中，应当考虑树木与电力线路之间保持足够的安全距离，确保电力线路安全、可靠运行，以及日后树木长高长大后对行人的安全隐患等。特别是五台山风景区，树线矛盾突出，但砍伐工作同样也面临巨大的困难。35 千伏××线 16 号—57 号杆塔走廊途经五台山风景区，树线矛盾突出（如图 3 所示），极可能发生线路对树放电事故。

图 3

二、解决问题的思路和方法

（一）注重联防群防，形成涉电犯罪防范责任格局

1. 职能部门协同

注重通过各级政府主管部门以及社会各界的大力支持，注重与公安机关联防协同，注重公司内部职能部门的通力配合，经常性开展各种形式的保电宣传活动，阶段性开展涉电犯罪专项行动，譬如针对在线路通道违章植树、建房等行为进行专项整治活动时，都以政府通告和政府会议文件形式发布，有效防范了各种外力破坏电力设施案件的发生。

2. 界定各级责任

由于电网输变电设施点多、线长、面广，故须组织协同乡（镇）、村开展各级护线联防。重点发挥和利用供电所的优势，是防范和遏制各种外力破坏事故发生、维护电网安全可靠运行的迫切需要。公司出台"联合保护35千伏及以上电力设施实施相关制度"，明确了与电力设施维护和管理相关的职能部室、线路班、供电所的职责。公司统管、供电所管片、联防护线小组管点、线的联合护线管理体系迅速形成。为确保全县统管农电工护线工作落到实处，管理形式上推行逐级签订护线责任书，责任书明确规定护线工作的具体任务、职责范围和考核标准。

3. 稳固护线制度

公司联合护线工作制度主要有以下几个方面：

（1）案情报告制度。各供电所对本辖区内发生的破坏电力设施案件，要及时将发案情况、进展情况、处理结果和补救措施及时上报。

（2）调研汇报制度。公司领导小组适时深入一线进行电力设施保护工作专题调研，协调解决护线工作中的问题，进一步完善实施办法。

（3）经验交流制度。公司定期组织护线工作交流会，总结

经验、取长补短。发现有利于群防群治护线的新经验、新做法，都应及时编发电力设施保护动态信息，以便相互学习借鉴，扎实推动各项基础工作开展。

4．纳入考核控制

通过构筑群防群治的防御体系，将电力设施保护工作纳入到业绩目标考核中，做到了电力设施保护与生产工作同计划、同布置、同考核和同奖惩。促使电力设施保护预警机制防范工作关口前移，提高了防范工作的预见性。按照属地管理，以输电线路"过境谁，谁管理，谁负责"为原则划分电力设施保护责任段，责任落实到具体护线人员，逐步形成了电力设施的巡视检查制度标准、工作规程和监督检查机制，努力保证威胁电力设施安全危险因素的可控、在控、能控。

（二）奖惩分明，形成履职尽责激励机制格局

公司非常重视建立健全关于群防群治护线人员报酬与奖惩的相关制度和规定，用正向激励方法确保电力设施保护工作有序开展。

1．护线组织报酬

凡被公司聘为兼职护线员的，每人每月给予一定奖励。

2．年终评先表彰

按照规定条件每年评选 1—2 个供电所先进集体，评选 10 名优秀护线员进行奖励。

3．划清处罚范围

35 千伏及以上电力设施的联合保护纳入公司领导班子的年度考核，在辖区范围内连续发生电力设施被盗破坏案件、因塔材被盗造成的倒杆事件等危及线路安全稳定运行重大事件的部门，给予通报批评，同时扣减相关人员奖金。充分发挥农电工点多面广的优势，把所管地域内是否发生重大外力破坏事件作为

对农电工的重要考核指标，形成共保电网安全的大环境。农电工由于维护工作不到位，导致发生由于电力器材被偷盗、电力线路杆塔（包括拉线）附近被开挖取土、违章植树、违章建筑以及砍伐树木等引起线路事故者，每一起扣 500 元。

4. 设立专项基金

公司设立了护电、保电专项基金，用于落实人防、联防巡逻，以及同公安部门联合打击涉电犯罪奖励基金。采取公布举报电话，举报有奖等措施，鼓励群众积极提供线索。对在打击涉电专项行动中能够积极提供线索，并查证属实的人员，给予一定的奖励。

（三）警企协作，形成重拳出击亮剑护电格局

加强与公安、工商等部门的合作，查堵销赃渠道。在调查摸底、梳理案件中，公安部门排查出一批违法收购被盗电力设备的废旧物品收购站和盗窃电力设备违法犯罪活动问题突出的村庄、区域，大力开展清理取缔和整顿治理工作，堵塞销赃渠道。公司积极配合公安机关，有效开展"三电"专项行动，对无照经营的废旧物品收购点，公安、工商部门联合执法予以取缔，共取缔非法收购站点 3 个。对非法收购电力专用器材等禁止收购的金属物品的人员依法进行处罚，构成犯罪的要坚决追究刑事责任。在行动中，共对 6 家存在问题的站点予以行政处罚，有效切断了涉电犯罪环节。

（四）加强设备治理，形成科学防范外力破坏格局

1. 加大技防投入

公司针对区域电网特殊地段实际，以研制输电线路铁塔塔材防盗锯割设施作为突破口，达到了良好的技防效果。通过新技术应用，采用"二涂一包"工艺，加强了防腐尤其是防盗锯割的能力。其主要性能指标包括：里面层采用渗透型带锈防腐胶黏剂，与铁塔塔材和拉线表面渗透扩散有机结合，

使防腐层牢固附着于铁塔塔材和拉线的表面；包裹层采用增强型胶粘剂能与石英砂、环氧树脂、高强度黏合剂等高强度填料充分黏合，形成硬度高、韧性好、抗冲击的保护层，达到防碰撞、防锯割的目的；外面层采用耐腐蚀、耐氧化、抗光照、抗老化性能强的涂料，均匀涂刷于包裹上，使其表面光滑、坚硬。

2. 加大监控和宣传力度

针对线路附近违章施工多的情况，实行提前介入，及时掌握施工作业进度及危险点，合理确定监控等级，落实专业人员和联防护线员现场蹲守等方案措施。同时，在宣传相关法律、条例上下功夫，充分发挥群众护线员和公安部门的作用，深入持久地搞好《山西省电力设施保护条例》宣传教育工作，形成全社会、全方位、多层次的维护电力设施安全的局面和氛围，依法维护供电秩序。公司共设置 15 个蹲守点，制止线路下违章作业 11 次，下发隐患通知书 4 份、签订安全协议 5 份、发放宣传材料 1000 余份。各项措施制度的落实，确保了安全生产平稳有序的局面。

三、对实践过程的思考和对效果的评价

近年来，公司根据本地区的实际情况和特点，有针对性地开展了电力设施保护工作，不断注重在护线管理中实行和完善专业巡线岗位责任制，推行有偿巡线、义务巡线相结合的群防格局。同时加强技术防范措施和运行维护管理，积极推动安全防范新技术、新方法的应用和普及，逐步建立健全了以技防、物防、人防和其他防范措施相结合的防范网络，电力设施自防自卫能力得到有效提高。

下一步，公司将继续积极探索电力设施保护工作的新方法、新思路，确保电网安全可靠运行。

专家点评

　　输电线路是能量传输的通道，其安全性直接影响供电的可靠性。由于线路设施遭受人为破坏，如盗窃、吊车碰触、挖掘机挖断等造成的停电事故时有发生，因此线路设施的保护一直是供电部门探索的问题。为解决线路设施的保护问题，本文从制度上、技术上、方法上提出了一系列举措，这些措施对线路设施的保护有一定的积极作用，可供兄弟部门学习交流。

政企联手 和谐共赢
建立解决树线矛盾长效机制

【单位简介】

国网高平市供电公司担负着高平市全境的电网建设、电力运营和供用电营销服务任务。公司共运行维护35千伏系统变电站8座；110千伏线路1条；35千伏线路18条，142.13千米；10千伏配电线路86条，2912.79千米；10千伏配电变压器1930台，330.18兆伏安。公司先后获得国家电网公司先进单位，山西省电力公司文明单位，电网先锋党支部等荣誉称号；连续12年保持山西省省级文明和谐单位；自2002年以来连续保持8年国家电网公司一流县级供电企业后，于2012年再次荣获国网一流县级供电企业荣誉称号。

姓名 张文岗

单位及职务 国网高平市供电公司副经理

【案例摘要】

树线矛盾一直是架空电力线路安全运行的一大隐患，为有效解决树线矛盾，国网高平市供电公司总结出了一套常态解决机制，即分三步走，概括起来"十六个字"："疏堵结合，政企联手，动态管控，和谐共赢。"确保输配电线路长期安全稳定运行。

一、具体问题描述

长期以来，树线矛盾一直是架空电力线路安全运行的一大隐患。对高平地区来说，尤为严重。原因有三：

（1）晋城电网处于山西电网的南末端，网内虽然有国投晋城热电30万千瓦机组2台，但其以供热为主，出力不定，大部分负荷还是靠4条500千伏和4条220千伏线路与省网联络受电，其中就有2条500千伏和3条220千伏线路途经高平。国网高平市供电公司维护的16条35千伏线路，大部分要跨越林区或者林带。

（2）高平地区网供负荷400兆瓦，大用户负荷321兆瓦，占网供负荷的80.2%，而大用户主要以煤矿、化工企业为主，全部是高危负荷。晋城地区的化工企业几乎全部集中在高平丹河流域。这样的供用电结构，对高平电网输配电线路的安全运行要求极高。

（3）伴随着经济的快速发展，高平市政府创建生态园林城市，整个地区的植树绿化速度加快。尤其是涉及长晋高速、高新高速、晋高一级路、207国道（二级路）、旅游公路以及"村村通"公路的"通道绿化工程"，种植的杨树、柳树等高大树种，给输配电线路安全带来了很大隐患。

二、解决问题的思路和方法

此前，治理树线矛盾的方法相对比较滞后，总是在发现树木已经种植后，再向政府部门汇报，和树木所有者协商砍伐或修剪，实在谈不下来，不得不砍伐或修剪的，就先砍伐或修剪。其间，多次发生人员、车辆、工具被扣事件。面对此种情况，公司转变思维，创新方法，不断探索，总结出了一套常态解决机制，即分三步走，概括起来"十六个字"，即：疏堵结合，政企联手，动态管控，和谐共赢。

（一）主动介入，疏堵结合

植树造林是为了绿化环境，宜居人民，输电供电同样也是为了发展经济,造福人民,两者殊途同归,单纯地堵住一方而发展另一方是不明智的要找到两者的利益均衡点,实现双方的和谐发展。本着这一思路,公司在治理树线矛盾的过程中采取了"疏堵结合"的办法。

一是从源头上"堵",加大《电力法》、《电力设施保护条例》、安全供用电等的宣传力度,增强全社会对电力线路的保护意识。同时主动出击,加大巡查力度,最大限度地制止在线路保护区内植树造林。

二是"疏",如果线路附近切实需要绿化的,积极告知其保护区范围及线下植树的危害性,并建议其种植景观树等低矮树木、绿地等。通过以上两方面的举措,在近两年的城市、环城、路政、村镇、生态林、厂矿区等区域的绿化过程中,电力线路保护区内种植高大树种的现象明显减少。

(二)政企联手,和谐治理

源头上的问题基本解决了,但是在 110 千伏及以上电力线路保护区范围内,还有历史遗留的树木。针对亟需解决的 2300 余棵树木,公司多次与高平市政府安委会、经商局、林业局、园林局、高速公路管理处、交通运输局等部门汇报协调,并向他们发去了请示函。在全公司上下的努力下,高平市人民政府组织各乡镇政府、经商局、林业局、公路局等单位负责人召开了解决树线矛盾协调会,下发了《关于对架空电力线路保护区内树障开展专项治理活动的通知》。通知要求,由经商局总牵头,供电企业提出需求,各乡镇配合,对树障进行集中解决。在实际治理过程中,公司坚持的"和谐共赢"原则得到了政府、树木所有者的肯定。经协商决定,把所有树障细化为公路绿化、成片杨树槐树林、成片松树林、村镇坟树等四个大类,能移植的不砍伐,所有者承诺定期修剪的尽量不移植,需要砍伐的积极协助砍伐。如今,对线路保护区内的树木隐患,全部完成了治理。

（三）建立机制，动态管控

一是坚持每治理完一处，都与树木（或土地）所有者签订"树木砍（剪）协议"，确保在线路保护区内清理后不再出现新的树障。

二是建立电力线路定期巡视检查机制，广泛动员群众护线员、义务看护员等基层力量，设立举报奖励资金，确保线路沿线不再新种植高大树种。

三是充分利用当前政策环境，与市经商局、林业局、园林局、城建局、各乡镇政府等相关部门建立常态沟通机制，加大与现有树木维护单位和可能新种植树木的单位、企业或个人的联系，确保沟通渠道时刻畅通。

四是建立大范围不间断的宣传机制，通过电台广播、散发传单、张贴标语等形式，加大对《电力设施保护条例》、省政府《关于进一步加强电力设施保护工作的通知》和市政府《关于对架空电力线路保护区内树障开展专项治理活动的通知》等的宣传力度，让社会各界民众明白树线矛盾给地方经济发展、供用电安全、人身安全等带来的严重危害，从而增强社会民众保护电力设施的自觉性和主动性，从源头上为电力线路的安全运行营造良好的外部环境。

三、对实践过程的思考和对效果的评价

经过近年来的树线矛盾治理，公司有了比较成熟的经验和做法。

第一，必须加大电力设施保护的宣传力度。对于电力线路的安全运行来说，涉及外力的不只是树线矛盾，还包括房线、煤矿采空区、采石放炮、塑料大棚、作业施工机械、车辆撞杆等矛盾，需防范的地方点多面广，难度大。最根本的解决办法是在全社会加大全民对保护电力设施重要性和破坏电力设施危害性的认识，从思想上引起高度重视，努力减少各种危及电力设施的不安全行为，力争将其消除在萌芽状态。

第二，必须紧紧依靠各级政府。2014 年，新《安全生产法》修订完毕，省政府也出台了相应的《电力设施保护条例》。公司以此为契机，反复与各级政府部门沟通汇报，将各级部门的相关职责、电力设施保护区范围、破坏电力设施的危害性、如何防范处理等问题说清楚，努力争取政府的主导和支持。

第三，必须采取防治相结合的治理手段。针对已有的矛盾，要加大隐患治理力度。但更主要的是，要采取有力的措施，防止新的外力隐患发生或形成。一是内部加大电力设施巡视检查制度，及时发现隐患，及时制止或消除；二是建立群众护线员制度，利用外部力量和资源，在线路沿线发展一定数量的群众护线员，确保信息反馈及时准确；三是建立外力破坏信息反馈有奖机制，群众反馈信息属实的，应给予一定的物质奖励，以点带面，滚动示范，提高全社会防范监控的自觉性和主动性。

第四，必须从源头上、从技术手段上统筹考虑。对于地方城市社会发展和生态环境建设等与电力设施保护发生的矛盾，必须综合考虑相关方利益，找到一个双方共赢的途径去解决。一方面，对于新建的线路，必须从规划设计上尽可能避开将来可能危及线路安全的各种外力因素，这需要与当地政府的规划紧密结合。另一方面，对于已有的隐患治理，或者说在规划上难以避开的外力因素，就需要在设计上采取措施，如涉及成片林区的，应提高设计标准，采取高跨，对于涉及建筑物的，应采取绝缘化或者入地等措施。

随着社会经济和电网的发展，旧的树线矛盾解决了，新的矛盾也会不断地出现。但不管怎样，只要始终把握主动，坚持"疏堵结合，政企联手，动态管控，和谐共赢"这一原则，总结经验，扩大成果，创新思路，长期坚持，就一定能够解决影响线路安全运行的各种外力隐患，确保电网长期安全稳定运行。

（专）（家）（点）（评）

    该案例的"疏堵结合，政企联手，动态管控，和谐共赢"的经验总结能有效地解决"树线矛盾"的难题，这一做法具有借鉴意义。

关于如何提升农村供电所安全生产
管理水平的思考

【单位简介】

国网岢岚县供电公司担负着岢岚全县和太原卫星发射中心的供电任务。下辖 35 千伏变电站 4 座；10 千伏开闭所 1 座；110 千伏线路 1 条；35 千伏线路 5 条；10 千伏线路 18 条；10 千伏配电变压器 436 台，总容量 101.58 兆伏安。营业户数 24225 户，报装总容量 129.46 兆伏安。

【案例摘要】

农村供电所作为县级供电企业的分支营业机构，承担着管辖区域内客户的报装接电、抄表收费、营销管理、电网维护、优质服务、安全管理等工作，其地位举足轻重。随着电网覆盖面积的不断扩大，抄收工作量不断增多，24 小时承诺服务责任的加大，在安全生产管理过程中也暴露出一些问题，本文就如何提升农村供电的安全管理水平提出了思路和方法。

姓名　张晓峰

单位及职务　国网岢岚县供电公司副经理

一、具体问题描述

（1）电网设备、用户点多线长面广，管理难度大。国网岢岚县供电公司供电网络遍布乡镇各村、组及农户，辖区地域广、分散性强，有些偏远山区人员稀少且交通不便、信息不畅，线路及设备维护面广、难度大，安全管理责任的落实范围加大。

（2）设备缺陷隐患多、类型复杂且发生频繁。由于农网面广、点多，因施工操作、自然灾害、设备质量和外力破坏等诸多原因，农网的隐患缺陷多而复杂，因而线路、设备的维护工作量大，安全管理责任的落实难度加大。

（3）农网改造后，电网质量普遍得到了提高，但在农忙时，一些群众不通过农电管理人员，私拉乱接现象时有发生。这些线路既不规范，又不能保持安全距离，人身触电伤亡事故时有发生。

（4）农村客户用电安全意识淡薄，供电网络外力毁损现象严重。农村安全用电宣传不够，安全用电意识淡薄，造成意外伤害或死亡事故增多，加之盗窃、毁损、破坏电力设施等违法行为，私拉乱接、违章建筑、交叉跨越和双电源等违章行为，威胁着农网设备和人员的安全。

（5）组织措施落实不力。有些员工嫌手续繁杂，凭借工作经验人为简化手续，对保证安全的组织措施落实不力。两票三制、标准化作业程序、危险点分析等规程规范在供电所推进困难、执行不力。

（6）技术措施落实不到位。有些员工不戴绝缘手套、不穿绝缘靴、不用绝缘棒、不挂接接地线、不悬挂标识牌等违章现象时有发生，甚至因此而发生触电伤亡事故，给安全生产带来直接影响。

（7）班组安全活动流于形式，安全分析会可有可无。有些供电所在生产任务不紧张时还能坚持安全例会制度，但工作一忙，就把安全分析会抛至脑后，在学习安全通报时，没有把别人的问题当成自己的问题来认真分析研究，没有具体的措施，更谈不上落实。安全活动只有记录，没有内容。对于活动后应吸取什么教训、应解决什么问题、哪些应该肯定等，没有明确结论。

（8）习惯性违章屡见不鲜。部分职工安全意识不强，习惯性违章难以杜绝，对规范安全管理、严格"票证"不理解、不配合，给安全生产带来较大隐患。

二、解决问题的思路和方法

（一）实施差异化培训，加大对供电所人员培训力度

目前，农村供电所的一线农电员工大都是半路出家，没有接受过专业知识的培训教育，只有实践工作中积累的少量安全知识和业务技能，对不同电压等级对人体的安全距离，不同工器具的绝缘水平以及正确的使用方法等专业理论知识知之甚少。针对以上情况，除了进行常规的《电力安全操作规程》、《两票三制》、《安全生产法》等电力相关技术规程的培训外，公司还制定完善符合农村基层供电所人员培训的相关计划，调查了解一线员工安全知识及业务技能的薄弱环节，结合农村线路维护管理工作，开展相应的安全知识培训和操作技能培训。特别是有针对性地开展不同工种、不同岗位的安全知识培训，比如：外线工作人员，培训巡线的方法、应急事故的处理、安全检查要领、触电急救方法等；变电运行人员培训倒闸操作的基本方法、安全措施的落实、消防器材的使用等；工作票"三种人"培训安全措施的布置、工作现场危险点的分析、各种工作票与操作票的正常使用等，使他们学有所用。因此，要真正做好安全培训工作，就要从根本上杜绝流于形式的培训，把培训工作作为考核项目，对各项培训工作进行检查、考核，以此提高员工的安全意识和业务水平，进而保障企业的平安和谐、电网的

安全稳定。

（二）形式多样化，将落实安全责任做到实处

安全生产责任制是电力企业安全生产工作正常开展的保障，农村基层供电所要落实好这一工作，必须围绕"安全生产，以人为本"这一目标，联系农村供电所实际工作需要，建立一套完整的安全生产风险管理保证体系和安全生产监督体系。根据职工岗位的不同，编制相应的安全生产责任书，层层签定，做到事事有人管。当然，光有一纸安全责任书是远远不够的。在多数基层供电所，安全生产责任书的编制完全按照上级的照搬照抄，签定时，一些员工看都不看内容，懵懵懂懂就签了字，在工作中根本不清楚自己要承担的安全责任是什么，重不重要等。待到出了事故追究起责任来，条条款款过于宏观，没有真正得到落实。要想真正做到安全责任人人明白，整个安全生产责任书的起草、编写，就要通过讨论、收集等多渠道采集，然后围绕实际工作统一收编整理，再以会议形式公开，讨论通过后再进行签定。这样不但加深了员工对责任书内容的了解，同时使他们明白应该怎样去承担自己的责任，把安全生产工作做好。

（三）加强考核，强化安全检查

安全检查工作具有"一切事故都可预防"的辅佐功能，只有安全检查工作做好了，"一切事故都可以预防"才能实现。农村供电所安全检查工作，要紧紧围绕"安全性评价"工作标准来进行自纠自查，实现安全生产工作闭环管理。因为农村大部分电网都是架设在崇山峻岭之间，分布零散，线路巡视困难重重，所以不能只是靠抄表员每月一次抄表、收费的时候顺便进行检查，还要成立培养一支专门的巡线、检修队伍，有计划地对线路、设备进行检查、登记、归档。提高供电所驾驭农村电网的能力，为农村提供可靠的电力保障。在实际工作中，春季有春季安全大检查，夏季有防汛安全大检查，秋、冬也有安全

大检查。安全检查工作要杀"回马枪",才能使安全检查工作落到实处。

(四)开展好安全学习活动

开展供电所安全活动是抓好安全生产工作的重要举措。首先必须从管理入手,监督检查到位。一要有明确的规定;二要有细致的检查;三要发挥好班长的作用。在安全活动的开展上,要求所长、安全员必须对活动进行周密的组织,对工作中存在的不安全因素有全面的了解,并能总结得好、讲得清楚,使员工通过学习能了解安全生产形势,掌握安全生产知识,又能清楚地知道哪些该做,哪些不该做,从而提高自身的安全意识。其次,在形式上不能流于领导讲话的传统。安全生产活动不是开会,它应是一个座谈会,是大家发言、讨论的平台。因此,像安全生产事故通报学习这类活动,可以先将资料印发到部分员工手中,让他们扮演不同角色,然后到事先预定的工作现场进行预演,让事先没拿到资料的员工纠错,并对表现好的员工进行奖励,最后再来展开讨论。这样不但能够激发员工参加活动的热情,同时加深了员工对安全知识的学习和巩固,使他们遇到此类事情时,能得心应手地处理。

三、对实践过程的思考和对效果的评价

供电所不同于其他电力生产岗位,它处于电网管理的末端,因此在安全管理上也应有其特点。安全管理是供电所的一项基础性工作,如果安全抓不好,就无效益、稳定和发展之谈。只有严格执行规程规范,提高员工安全技能,结合实际,认真抓安全、管安全,把安全工作落实到实处,做到有组织、有措施、有考核,才能把供电所安全工作抓好。

专家点评

该案例通过分析国网岢岚县供电公司农村供电所日常承

担的管辖区域内客户报装接电、抄表收费、营销管理、电网维护、优质服务、安全管理等工作中存在的服务责任大，管理人员"安全第一"的意识不到位，缺乏必要的安全监督和技术指导等问题，提出了实施差异化培训、严格落实安全责任、加强考核、强化安全检查、开展好安全活动学习等办法，对提高县公司供电所安全管理水平，加强县供电所管理有较强的指导作用和推广示范意义。

"6·02"树障清理成功典型案例分析

【单位简介】

国网洪洞县供电公司现辖 110 千伏变电站 6 座，35 千伏变电站 9 座；35 千伏线路 18 条，129.9 千米；10 千伏公用线路 71 条，1774 千米；10 千伏公用配电变压器 1204 台，总容量 161.35 兆伏安；2012 年售电量 7.95 亿千瓦时。

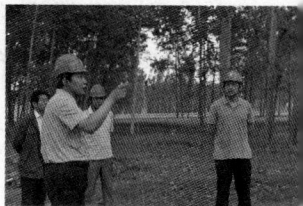

姓名　赵志强

单位及职务　国网洪洞县供电公司副经理

【案例摘要】

良好的线路通道是线路安全、可靠运行的重要保障。近年来，随着政府部门在公路两侧绿化及田间地头树木种植面积的增加，树害已成为造成线路掉闸的主要原因之一。夏季树木生长快，枝繁叶茂，树线矛盾更加突出，树害掉闸率一度达到 40% 以上。为杜绝这一危害，维护公共安全，保障线路安全运行，彻底清理线路通道内的树木，国网洪洞县供电公司做了大量工作，以"6·02"干热风（又称"火风"）天气灾害为契机，摸索出一套行之有效的树障清理办法。

一、具体问题描述

6月2日17：20，雷雨交加，"干热风"天气袭击洪洞境内。据气象部门测定为8级以上，属破坏性风力，造成洪洞县境内大面积树木倾倒、断枝，导致国网洪洞县供电公司部分所属10千伏线路不同程度的断杆、断线，发生速断、接地事故。其中以苏堡、大槐树、广胜寺、明姜4个乡镇受灾最为严重。

苏堡镇10千伏苏堡西573线路中，苏堡B5台区支线T接杆—3号杆断杆断线，主干176号—177号杆之间大树砸线着地；古县村支线，22号—23号杆断线，23号杆断裂，低压线路3处断杆，9处断线。

广胜寺镇10千伏广胜寺889线路中，封里3号公变支线1号—3号断杆、断线，低压部分东湾1号东干线3号—5号杆断杆，南秦3号东干线1号杆断杆、断线。

大槐树镇10千伏冯堡522线路中，永一堡支线15号—20号杆倒杆断线，10千伏城关524线路南磨北灌支线断线。

明姜镇10千伏明姜527线路中，药瓶厂支线2号—4号三相断线，大李托B2支线16号—17号C相断线。

经现场勘察，以上情况均由树木被风刮断或刮倒砸在运行中的导线上所致，抢修恢复线路运行，要先处理通道内的树木。

处理线路通道内的树木需要向村民付出赔偿，不管线路架设在先还是在后，部分村民只认"赔"字，如果不赔就协调不成，《电力法》、《电力设施保护条例》对他们来说相当于一纸空文。政府部门几经协调，效果甚微，通道处理工作的进行举步维艰。

二、解决问题的思路和方法

经初步统计，风灾过后线路通道内不符合规定的树木达9000余棵，均属先有线后栽树的情况。

为体现依法治企精神，贯彻执行国家法律法规，依据《电力法》及《电力设施保护条例》的有关规定，任何单位和个人不得在依法规定的电力设施保护区内种植可能危及电力设施安全的植物，在电力设施保护区确立前已经种植的植物妨碍电力设施安全的，应当修剪或者砍伐；在依法划定的电力设施保护区内种植植物危及电力设施安全的，由当地人民政府责令强制砍伐或者清除。洪洞供电公司研究决定：下发《关于彻底清理线路树障的通知》，告知乡镇政府及村委，由镇政府协调配合处理各村树障，责令无偿砍伐线路通道内的树木。具体安排如下：

（1）由经理亲自向县政府分管电力的副县长汇报此次风灾造成线路损失的重要性，以及砍伐线路通道的坚决态度。

（2）由分管副经理与当地供电所长向乡镇政府主要负责人报告线路通道树障是造成此次停电事故的重要原因，必须无偿予以砍伐。由乡镇政府派出驻村工作人员，全程配合处理。

（3）线路通道必须处理合格、彻底，并经通道验收组验收通过，方可在线路抢修结束后送电，否则不予送电。

（4）立即与县电视台联系，跟踪报道此次线路大面积停电事故抢修情况，直至抢修工作结束。

（5）线路抢修工作与通道砍伐工作同步进行，由当地供电所长全面协调镇政府、村委、施工队。

三、解决问题的实践过程描述

为保证抢修安全、高效，抢修过程分两条线进行：一条线为抢修施工队，现场落实抢修所需材料及施工工器具，办理抢修手续抢修；一条线为线路通道砍伐队，由村、镇两级政府部门带队协调，处理各种问题。

6月3日，公司领导先后同县政府、镇政府、各级村委取得联系，针对此次灾害，分析灾害成因及抢修处理措施，要求各个部门互相协调配合好，争取在最短时间内恢复供电，保障居民生活用电。

电视台随报道组一路跟进，每到一处，积极采访、拍摄、宣传，并于当晚在地方电视台播出。

经过紧张的抢修和砍伐，至6月5日凌晨，除苏堡西573线路外，其余线路均已全部或部分线段恢复送电。6月6日下午，受灾线路全面恢复供电。

恢复送电后，在电视台采访苏堡村一村民时，村民激动地说："供电公司的同志们就是好，4天来不分昼夜地抢修，真正为老百姓服好了务，没电我们做不成饭、喝不成水，多亏了你们，早知如此，我们不会在线路下面种树的，现在停电是停不起的，一停了电老百姓什么也做不成了。"

四、对实践过程的思考和对效果的评价

此次抢修，虽然历时时间长、动作幅度大，但是没有发生一起投诉事件，反而得到老百姓的大力支持，得到政府的认可，得到社会各界的承认，说明这是一次成功的抢修，一次成功的通道处理行为。在此后3个月当中，因树害引起的掉闸情况下降为零。通过此次事件，得出4个"很重要"：

（1）与政府（县、乡、村）沟通，取得支持很重要。

（2）宣传到位，取得老百姓支持很重要。

（3）抢修得力，分工明确很重要。

（4）借鉴成功经验，推而广之很重要。

专家点评

该案例是从一次大风引起线路大面积跳闸停电事故说起，由点及面，由个案到推及整个树线矛盾，借一次机会，依靠地方政府的力量解决大面积树线矛盾，并总结出4个"很重要"，思想认识高度和做法均值得借鉴学习。

营 销 服 务

力求创新 勇于实践
多元化缴费方式实现"零"现金创举

【单位简介】

国网平定县供电公司担负着全县 10 个乡镇 11 余万户工农业生产和居民生活的供用电任务。境内共有 110 千伏变电站 4 座，35 千伏农网变电站 5 座，主变压器总容量 1088.25 兆伏安，管辖 35 千伏线路 15 条共 120 千瓦，10 千伏线路 28 条共 746 千瓦，低压线路 707 条共 2540 千瓦，配电变压器 1477 台。2013 年被评为山西省电力公司年度安全生产先进单位。

姓名　李志刚

单位及职务　国网平定县供电公司副经理

【案例摘要】

传统的电费"走收"存在着很多问题，国网平定县供电公司以打造"县城 10 分钟缴费圈"、"农村村村设点"的目标，从"走收"改"坐收"与推广移动 POS 机入手，利用县农行转账电话在全县布点较多的优势，在平定县 318 个行政村增设电费代收点 298 个。通过改变收费方式、转变思想意识、拓展交费模式、以点带面全部推进等方式，达到了规避资金风险、提高相关指标、方便客户缴费、化解找零矛盾、减轻工作量的效果。

一、具体问题描述

在多元化缴费实现以前，传统的收费模式为"走收"，即各管理单位抄表核算完电费后先把电费发票打印出来，包片电工手持发票按照公布的时间到指定的村委会进行电费收取。这一收费方式存在诸多风险：一是范围较大，许多包片电工领取发票到包片地点收费，当日不能及时赶回供电所进行对账，核对票据和收取现金间隔时间一长容易出现账务不清等情况。二是由于银行网点太少，而且收费时间一般都会延长至晚上，存在很大的安全风险。三是由于没有便携式专业验钞机，包片电工在收取现金的过程中，经常会出现收取假币的情况。四是包片电工在收取电费的过程中，经常出现找零不便的情况。对于专用变压器客户的收费虽然已改为坐收，但是客户到各供电所营业厅交纳现金的情况较多，供电所收费高峰期每天收到的现金金额较大，存在很大的安全风险，安全措施有待加强。

二、解决问题的思路方法

本着打造"县城10分钟缴费圈"、"农村村村设点"的目标，平定公司积极从改变广大客户单一的缴费方式上探索新途径，寻求新方法。以平定县城为试点，首先从"走收"改"坐收"与推广移动POS机入手，转变职工思想观念，同时利用县农行转账电话在全县布点较多的优势，在平定县318个行政村增设电费代收点298个。目前各种缴费方式已增加至7种（电汇、支票、移动POS、固定POS机、自动终端、农行转账电话、95598网站），而且全面进入了实用化阶段，彻底改变了以往单一的定时定点交费现状，实现了广大客户随时随地缴费，真正建立了"客户身边的营业厅"。

三、解决问题的实践过程描述

推广多元化缴费方式的最终目标是实现无现金收费，同时实现客户随时随地都可以缴费。为了使这项双赢举措尽快尽早地实施推广，平定公司积极从多角度、多方位出发确保多元化缴费模式的全面推进。

（一）改变收费方式

借着省公司全面取消"走收"落后缴费方式的东风，平定公司积极抓住时机，克服困难，果断对收费模式进行里程碑式的改革。在原来 11 万余户只有近 2 万户为坐收的情况下，自 2012 年 7 月 1 日开始，首先将营销信息系统的后台全部从"走收"改为"坐收"；其次，要求月末电费必须结零，彻底切断了供电所、电工组实施"走收"方式缴费的退路；第三，在平定公司中心营业大厅、金地营业厅以及各供电所新增 12 台自助缴费机，为客户提供 7×24 小时全天候服务，既方便了公司，又便利了客户。

（二）转变思想意识

收费方式改为"坐收"后，不能再从系统中提前打出发票，只能是收一户打一户发票，但由于县城客户多缴费点少，高峰期缴费拥堵，且距离供电所电费营业厅较远的乡村客户缴费不方便以及现金缴费存在的种种弊端，平定公司萌生了"无现金交费"的大胆设想，并率先推出新型缴费方式——"移动 POS 机"。考虑到银行卡在广大农民手中还未普及，平定公司借户表改造契机，为每名包片电工办理了邮政储蓄卡，客户选现金缴费方式时可直接划包片电工的银行卡。

（三）拓展交费模式

广大客户从移动 POS 机缴费中体验到了划卡交费的安全与便利，使得此种收费方式得到了客户的一致认可。但由于客户多、工作人员和设备较少，无现金交费的目标一时无法实现。2012 年 9 月，国网平定县供电公司在各所组只留一台移动 POS 机的基础上，着手推广农行转账电话方式交纳电费，农民客户手中的惠农卡从此走上了舞台。刚开始由于对转账电话操作系统不熟悉，对用户资料不了解，特别是在人多的情况下，代收点人员经常手忙脚乱。通过由包片电工陪其一起工作，现场手把手地培训辅导，同时通过推出二维卡等方法，有效解决了这一难题。经过一段时间的宣传、引导，用户现在带上自己的惠农卡就可以轻松缴费，减少了代收点的资金流转、垫付。

虽然农行转账电话的使用率逐月提高，但是现金收费依然存在。平定公司通过与基层收费人员的沟通得知，在一些偏远山村没有转账电话，工作人员只能收取现金。为使这一便民利民措施实现全覆盖的最佳效应，平定公司再次与县农行联系，在固定转账电话未布点的地方配置了 12 部农行移动转账电话，为平定公司"零"现金收缴电费提供了有效保障。

（四）以点带面全部推进

随着移动 POS 机、农行转账电话以及农行移动转账电话等收缴方式的运用，平定公司多元化缴费模式得以形成。如今，不同的电力客户可以根据需求选择不同的缴费方式，服务质量和服务水平大幅度提升。

四、效果评价

通过大力宣传和扎实推进，多元化缴费模式已得到了广大客户的接受和认可。以前是每月固定几天才能缴纳电费，现在是随时都可以，广大客户真正感受到了供电服务品质提升带来的方便与实惠。

（一）规避了资金风险

避免了收取现金过程中出现假币的情况，以及包片电工携带大额现金无法第一时间存入银行的人身安全问题。

（二）提高了相关指标

实现划卡缴费后，系统自动实现到账和对账，提高了到账确认率、解款及时率、离柜率和预付费覆盖率。

（三）方便了客户缴费

一些在外打工的客户，过节回家时可以一次性地交纳一年的预付电费。

（四）化解了找零矛盾

杜绝了因电费价格的特殊性而产生的找零难问题，解决了包片电工自己贴钱的现状。目前的收费方式能够使电费余额足额存入用户账户。

（五）减轻了工作量

新方式的推广，使得平定供电公司农电工实现了"三不"工作方式：不用风吹日晒爬杆抄表，不用起早贪黑上门收费，不用爬上爬下绞线停电。包片电工现在只需在月末对未在代收点按时缴费的用户进行催收，代收点人员也能全方位帮助公司催收电费，达到了双赢效果。

电费收缴方式的不断创新，既达到了提升服务水平的目的又实现了无现金缴费的目标，更使平定公司实现了多元化缴费方式新创举。国网公司、省公司工作组在国网平定县供电公司调研时也对此项工作给予了充分肯定。由此也引起了系统内外对无现金缴费方式的高度关注，《国家电网报》、《山西电力报》以及《中国能源报》、《山西经济日报》、《山西晚报》、《山西青年报》等多家媒体纷纷刊登或转载。相信，在社会各界及上级领导的关心和支持下，在公司广大干部员工的齐心协力共同努力下，在此项创举的引领下，公司各项工作一定会蒸蒸日上，实现一个又一个的辉煌。

专家点评

该案例通过打造10分钟缴费圈、推广多元化缴费方式等措施，有效解决公司电费现金运转、客户缴费便捷等问题，该做法具有推广借鉴意义。

创新"三唯"营销理念
提升优质服务水平

【单位简介】

国网壶关县供电公司担负着全县工农业生产和 30 万人民群众的生产生活供电任务。壶关电网拥有 110 千伏变电站 3 座,主变压器容量 224.5 兆伏安;35 千伏变电站 5 座,主变压器容量 55.15 兆伏安,变电站全部实现双源双变;110 千伏线路 3 条,33.14 千米;35 千伏线路 14 条,146.48 千米;10 千伏线路 42 条,1021.8 千米。2010 年被山西省电力公司评选为一流县级供电企业。

【案例摘要】

国网壶关县供电公司创新营销服务理念,着力提升优质服务水平,在"唯实、唯新、唯先"上动脑筋、下功夫,不仅确保了当年投诉举报事件明显减少,同时也形成了优质服务的良好氛围和长效机制,树立了基层县供电企业服务地方政府和当地用户的良好形象。

姓名　宁晋兵

单位及职务　国网壶关县供电公司副经理

65

一、具体问题描述

近年来，伴随着户表改造工程的深入推进，一方面增大了科技含量，为企业长远发展储蓄了力量和能量；另一方面改造过程中换表、收费等诸多环节又造成了不少误解，引起了不必要的投诉举报。加之供电所人员长期以来养成了重视安全生产、轻视优质服务的习惯，同样引发了不少误解。

2014年1—10月，公司未接到任何投诉，在壶关县开展的政风行风评议中，公司获得了社会服务类第一名的良好成绩，为公司树立了良好的品牌形象。

二、解决问题的思路和方法

公司的做法是，依托"三唯"（唯实、唯新、唯先）营销理念，提升优质服务水平。"唯实"就是针对服务举措要出实招、办实事、求实效；"唯新"就是针对服务理念要更新观念、创新思维、上新台阶；"唯先"就是针对服务成效要在市公司领域领先，在省公司系统争先。具体的举措集中体现在六个方面。

（一）建设"阳光业扩体系"，客户报装更方便

公司结合县级供电企业的实际，紧密围绕营销服务工作的总体要求，精心夯基础、创新求规范，从而使优质服务水平得到了进一步提升，建成了"阳光业扩体系"。

在县中心营业厅设置专属VIP室，为大用户的报装提供快捷、舒心的服务；客服经理主动为用户梳理业扩报装流程所需资料，减少用户办理流程的往返次数，严格要求规范报装，禁止"吃、拿、卡、要"行为，完善业扩例会制度，认真执行价格政策，杜绝不合理收费，严禁变相"三指定"行为；定期走访用户，及时了解客户需求和出现的新问题，区分轻重缓急及时处理或逐级上报，跟踪落实；免费为大客户的电工进行电气专业技术及安全知识培训，全方位阳光服务用户。

（二）建设"稽查监控体系"，业务管控更到位

公司的营销稽查监控体系（涵盖了原来的县级"95598"热线电话）是营销日常工作的"检查组"，由客服中心三个班的精干力量兼职组成。管理上实现 A、B 角交叉管理，避免出现无人监管日常工作的情况。人员的值班和服务情况是稽查监控的重要一项，为快速提升优质服务质量。从源头抓起是最便捷的方法，视频监控营业人员行为也是最直观的方法，通过营销稽查监控来提高工作人员在日常工作中的服务行为，营销服务质量逐渐提升。

（三）强化"服务生命线"理念，"零距离"服务更贴心

通过宣传学习国家电网公司的战略定位、职责，树立国家电网公司的服务理念，宣传国家电网公司企业标识，增强干部职工市场意识、创新意识和形象意识，确立"优质服务是国家电网的生命线"的观念，加强职工的思想道德素质教育。根据用电需求，对客户进行细分，依据不同类别、不同服务对象，提供人性化、精细化的服务，如大客户经理制、首问负责制、一口对外、预约服务、延伸服务等。

加强客户的供电报修、抢修管理，提高抢修质量，缩短客户停电时间；为使用户能第一时间联系到抢保修人员，公司专门为用户制作了 7 万余张"电力服务贴心卡"发放到用户手中，"贴心卡"上面包含了抢报修人员电话、"95598"热线电话以及相关知识简介，实现了贴心式服务。

（四）树立"正反两面典型"，示范作用更突显

为使各种现场服务有监管，单位专门成立了以公司经理为队长的优质服务稽查队，不定期外出进行检查，纠正在日常工作、现场施工等方面出现的违反优质服务有关规定的行为，如发现问题及时考核通报。为使考核有据可依，公司出台了"国网壶关县供电公司优质服务相关考核规定"，并提前

下发至相关班组，通过严管理、细考核，服务水平明显提升，投诉事件大幅减少。一方面，积极开展"最美农电工"选拔活动，将基层一线默默无闻、无私奉献且评价期内没有任何投诉举报责任的农电工选树为正面典型，组织各个供电所进行学习。去年以来，先后从基层供电所中选树最美营业员 26 名，起到了榜样先行、示范引领的作用。另一方面，针对投诉举报事件，始终坚持"一起投诉，一条短信，一期通报，一面检查，一次回访"的"五个一"常态考评机制，让基层一线员工"不敢违反、不会违反、不能违反"，真正减少服务类投诉事件。

（五）净化"内外两个环境"，自我约束更有效

在营造良好供电氛围方面，公司首先加强了反窃电工作，通过电视台、报纸等新闻媒体宣传窃电危害，通过对供电所内部人员的管理，杜绝人情电、关系电的产生，为社会创造一个公平、良好的用电环境。

（六）推行多种收费方式，客户缴费更便捷

为强化电费回收全过程管理，提高电费集约化管理水平，为客户提供更加方便、快捷的缴费方式，提升公司优质服务品质，公司通过充分调研，结合县公司的实际情况，在辖区内开展小超市代收电费业务。

截至 2014 年 10 月 31 日，共推广建成小超市电费代收点 64 个，新增邮政、农行等电费代收点 86 个。代收点的投入使用，极大地降低了台区收费员的工作量，缓解了营业厅收费压力，更重要的是方便了用户的缴费，满足了用户随时随地缴费的需求。

三、解决问题的实践过程描述

针对优质服务中存在的问题，公司积极开展了优质服务"大反思、大检查、大整改"活动，组织各供电所长和一线员工召开反思会，出台优质服务季度例会制度，形成了优质服务月度通报制度，第一次将优质服务提到了与安全生产同等重要的位

置上。

公司本着"实际出发、创新理念、创先争优"的原则，在实践中进行了不断地探索，实施了针对优质服务的"八项规定"，取得了显著效果。"八项规定"管控的是八个方面，涵盖的是优质服务的方方面面。

（一）优质服务要提升，季度宣讲到基层

从2014年一季度开始，公司认真推行了优质服务季度例会到基层制度。每季度初，由分管营销工作的领导带队，营销部、乡镇部负责人参与，深入基层 9 个供电所分别召开优质服务季度例会，宣讲当前形势、宣贯上级要求，提出服务标准，确保优质服务的新理念、新要求入脑入心。

（二）要想管控更牢靠，完善制度更重要

针对优质服务工作，先后出台"关于客户满意供电所创建及客户停电通知相关规定"，从制度上完善管控流程、堵塞管理漏洞。

（三）投诉举报不再犯，严格奖惩最关键

本着奖要奖得及时、罚要罚得心疼的原则，将全年无投诉无举报的供电所评为"客户满意供电所"，并给予一定的奖励。对造成投诉举报事件的责任人给予一定的处罚。

（四）抢修报修到现场，事后当面要回访

对供电所抢报修人员提出刚性要求，现场抢报修结束后，当面或电话对用户进行回访，直至满意后方可离开，确保第一道防线牢固。县公司优质服务专工同步进行第二次回访，构筑第二道"客户满意防线"。

（五）停电通知要重视，既要广播又要公示

对于计划检修，针对专用变压器用户、重要用户要进行逐个通知并录音。对于配电变压器台区检修，要求利用广播及书面通知等两种以上渠道通知用户，最大限度取得用户的理解和支持。

（六）居民欠费电不停，若需停电先提醒

居民用户欠费金额较少时，尽量不采取断电措施，如果金额较大，需要以电话或短信形式进行提醒和告知。

（七）多种缴费最方便，电工电费不见面

针对近年来推出的农行、邮政储蓄等多种缴费模式，尽最大可能将供电所人员从收费工作中"解放"出来，全力以赴从事抢报修工作，从而达到电工不收电费的目的，避免了因收费环节引起的投诉举报。

（八）临时用电是难点，严格自律很坦然

当前，临时用电在基层供电所是管理的短板，也是管理的难点，公司针对临时用电细化要求，下发模板，争取用一个标准面对临时用电这个热点和难点。

四、对实践过程的思考和对效果的评价

将创新"三唯"营销理念的着力点聚焦在优质服务上，重点解决报装接电、抄表收费、抢修报修、停电通知、特殊保电等方面存在的问题。牢固树立"好服务＝好产品＋好人品"的服务理念，"好产品"就是要有坚强的配网、合格的电能；"好人品"就是要有快速的反应、周到的服务。一方面强化配电网建设，另一方面在营销管理的各个环节强化优质服务意识、提升优质服务水平。开通业扩报装绿色通道，坚持营销"一口对外"原则，让用户少跑路、早用电；充分依托科技手段，实现远程抄表，积极推广多种缴费方式，与邮政、农行、小超市等合作，真正实现县城用户十分钟缴费、农村居民用户就近缴费的目标；认真兑现国家电网公司抢报修时限的服务承诺，切实做到按时到位、精准处置、用户满意；针对各类用户用电性质的不同，对农村居民用户采取至少两种方式提前通知用户，对重点用户、高危客户则严格按照相关要求提前以书面形式进行通知，停电前再次进行电话通知并做好录音录像工作；以"四个服务"为宗旨，认真对待各类重大活动和重要节假日的保电工作，在做实做好保电工作的基础上，充分展示了国家电网优质高效的服务品牌。

梳理"三唯"服务理念的实践成果，突出聚焦在 3 个方面：

一是对内坚持"五为"服务形成了良好的氛围。坚持"机关为基层服务、上级为下级服务、党员为群众服务、生产为营销服务、一切为客户服务"的服务理念。目前，最让基层感到满意的莫过于机关部门的"上门"服务，机关职能部门坚持每月最少深入每个供电所一次，做到现场办公、现场服务，先后为基层班组解决实际困难 18 项，达到了让基层员工"少上来"、让机关部门"多下去"的目的。

二是对外坚持微笑服务取得了显著效果。无论是面对客户的赞扬肯定还是不理解，始终坚持做到微笑面对客户。今年以来，先后举办供电所服务人员礼仪培训班两次，56 人参加培训；机关部门深入基层供电所宣讲优质服务政策和形势 10 次。

三是坚持对特殊群体实行特别服务赢得了好口碑。针对特殊群体，实施上门服务。在客户报装环节，积极开通了报装绿色通道，在查询咨询等环节，全部实施了首问负责制、首办负责制。

在营销优质服务方面还存在一定的差距，在实践中，对外应第一时间解决用户的困难；对内应强化制度考核，追究机关人员责任，才能树立公司良好形象，提高用户满意度。

(专)(家)(点)(评)

该案例从"唯实、唯新、唯先"三方面上动脑筋，从业扩流程、稽查监控等方面下功夫，有效提升了客户满意度。对系统内提升营销管理水平具有一定的帮助和借鉴意义。

提升居民客户服务质量的实践成效

【单位简介】

　　国网翼城县供电公司担负着全县 10 个乡镇 212 个行政村 30 万人民群众生产生活和工农业生产的供电服务。管辖 110 千伏变电站 4 座和 35 千伏变电站 7 座，下设 12 个供电所，供电面积 1160 平方千米。2004 年首次被国家电网公司评选为一流县级供电企业，2013 年再次被国家电网公司评选为一流县级供电企业。

【案例摘要】

　　随着地方经济的发展，广大客户与社会各界对供电服务质量的要求越来越高，供电服务工作稍有不慎，就可能引发客户投诉和媒体关注。本文结合地方实际，通过打造"10+1"亲情服务、城市"十分钟缴费圈"、农村"村村设点"建设，优化服务模式，创新服务内容，对客户关心的热点问题进行诠释等方式，有效提升居民客户服务质量。

姓名　汤玉娟

单位及职务　国网翼城县供电公司副经理、工会主席

一、具体问题描述

目前，我省居民客户占到 90%，涉及各层次人群，具有要求参差不齐、注重细节、影响大、传播快、关注形势等特点；其他客户则具有要求简单、关注供电可靠性等特点。通过这些特点我们看到，如何满足居民客户的需求，提升居民客户的满意度是我们做好优质服务的重要课题。

二、解决问题的思路

针对这一问题，国网翼城县供电公司立足实际，积极探索，从提高认识、转变观念入手，坚持"四个服务"宗旨，走访农村、走访客户、走访企业，转变理念、转变态度、转变方式，改进管理、改善流程、改变作风。在优化服务模式、缴费网点建设、缩短抢修时间以及供电所管理方面做工作，全方位提升居民客户用电服务质量。

三、解决问题的实践过程描述

（一）打造城市"十分钟缴费圈"，农村"村村设点"的建设

为彻底解决居民缴费难的问题，国网翼城县供电公司积极拓展多元化收费方式。在城市区域建立收费网点 13 个，其中：供电企业营业厅 3 个，24 小时自助缴费厅 3 个，大型超市自助缴费终端 3 台，设立便利店移动 POS 机代收点 2 处，邮政储蓄代收点 1 处，移动缴费厅代收点 2 处，同时在工商银行设立银行批扣业务绿色通道，实现算费、批扣、提醒全过程无人干预。通过合理规划、精心布点，推广了坐收（营业厅）、代收（邮政、超市、移动）、自助终端缴费、银行批扣等 7 种方式，充分满足了城市"十分钟缴费圈"的缴费需求。对农村因距离供电所较远造成缴纳电费难的问题，在每月特定时间，各供电所派人到村委会活动室、广场等村民经常活动的场所，使用 POS 机，定人、定时、定制收缴电费。

（二）优化服务模式，推行"10+1"亲情服务

创新"10＋1"管理模式，为客户提供亲情服务。在"示范小区"装设了 11 块图板。在表箱分布图版上，可以清楚地看到每个表箱的具体位置；在"十项承诺"、"十个不准"图版上，明确了电力员工的行为规范，自觉接受群众的监督；通过台区用电指南图版，使客户了解收费点的具体位置，使客户根据自己的位置，选择就近缴费点；通过用电小常识版面，使客户了解一些安全用电、节约用电小常识；居民用电申请指南图版清晰地告诉客户办理用电业务程序及应具备的资料，并温馨提示受理办公时间；在居民用电设备产权归属图版上明确了产权分界点和双方责任归属，在每个表箱群旁边都张贴有客户经理电话、服务热线、24 小时服务电话以及服务项目。

（三）配置高技术设施，实现智能指挥、快捷抢修

每个供电所均建立了备品备件库，完善应急库，严格执行行政值班、应急值班双轨运行制度；推广应用 GPS 车辆定位系统、车载标准工器具配置、智能安全工器具柜等先进技术和管理方式，实现抢修车辆与故障信息智能调配，就近事故现场的车辆能够第一时间到达事故现场，在第一时间应对突发事故，缩短报修及事故处理时间，要求城区 20 分钟内到达，农村 45 分钟内到达，城区故障抢修 6 小时内处理完毕，农村故障抢修不过夜；同时公司为 104 名台区负责人制作了"联心卡"9 万余张，"联心卡"上详细记录着台区负责人的服务内容和 24 小时联系方式。

（四）应用信息化手段，提高管理水平服务新农村

现运行的纸制台账种类繁多，不仅数据填写重复，更新不易，而且闭环困难，不便于保存、管理。为做好台账管理、充分利用信息化手段，将现有供电所的相关设备台账、PMS 系统基础数据、营销相关数据等通过数据接口方式统一存储，使供

电所日常管理、安全生产、优质服务实现了系统化、智能化、流程化、规范化管理，报表、台账实现了系统化数据管理和传输；用流程管理机制来规范行政管理流程和业务管理流程，实现全过程一体化闭环管控；采用电子化的流程定制功能，突破各种边界，进行跨专业、跨职能的即时沟通，构造智能协作的环境。

四、对实践效果的评价

目前公司基本实现"村村设点"的目标，全面满足广大农村居民客户的缴费需求。通过"10+1"亲情服务、11 块图板公示客户经理电话、服务热线、24 小时服务电话等内容，极大方便了客户。当客户遇到困难时，可随时拨打联系电话，为客户提供更快速便捷的服务，提升客户对供电服务的满意度。

专家点评

该案例创新性地提出了"10+1"亲情服务，通过 11 块图板，对客户关心的热点问题进行了诠释，有效解决了客户的知情权；同时对供电所的备品备件、台账管理等方面进行了优化。对系统内营销管理水平提升具有一定的帮助和借鉴意义。

供电服务转变之营销稽查
变为"上门服务"

【单位简介】

国网武乡县供电公司担负着武乡全县工农业生产、21万城乡人民生活的供用电任务。管辖110千伏变电站3座，主变压器6台，容量231.5兆伏安；35千伏变电站5座，主变压器10台，容量67兆伏安；35千伏线路10条，133.27千米；10千伏公用线路36条，1012.11千米；0.4千伏低压线路871.44千米；配电台区1044个，容量143.11兆伏安；年最大负荷5.6万千瓦，年售电量25000万千瓦时。2011年被山西省电力公司评选为一流县级供电企业。

【案例摘要】

为了提高开采能力，武乡县人民政府将30余座煤矿企业进行了重组整合，由原来的传统开采手段改为综合开采，需要增加配电容量，而有的矿主没到供电公司办理用电增容手续，而是私自对用电设备进行增容。依照法律法规公司完全可以对其处罚，但容易造成政策决策的延缓，引发供用电双方的矛盾。为此，公司转变工作思路，在向县政府反映问题的同时，积极服务煤矿企业用户。由此，引出了国网武乡县供电公司由营销稽查向"上门服务"的转变。

姓名　王虎飞

单位及职务　国网武乡县供电公司副经理

一、具体问题描述

武乡县位于山西省中南部、长治市最北端，是全国著名的革命老区，也是国家级贫困县，在 2011 年前，全县大大小小并存着 30 余座煤矿企业，但由于多数属于小型机械、传统开采作业，产量不高且造成了煤炭资源的极大浪费。2011 年 12 月，武乡县人民政府根据山西省人民政府出台的煤矿企业资源重组、整合相关精神及煤矿企业逐步由粗放型向精益型转变、由资源浪费型向回填开采节约型转变的政策导向、指导意见，将全县原有的 30 余座煤矿通过资源兼并重组整合转变为 13 座煤矿。整合到位后，保留煤矿由原来的传统开采手段改变为综合开采，开采能力大大增加，但是变更开采方式后，有 10 座煤矿供电能力严重不足，在整合阶段，需要增加配电容量，但矿主对电力供应许可存在一定的认识误区，没有意识到应该先到供电公司办理用电增容手续，而是投机取巧采取私自增加用电设备的方式进行私增容，存在一定的安全隐患不说，且造成了供电企业基本电费漏收现象，具体表现在：一是造成政策决策的延缓；二是极易引发供用电双方的矛盾；三是造成政府的误解。

国网武乡县供电公司转变工作思路、创新工作方法，在向县政府相关部门反映问题的同时，积极服务煤矿企业用户，变单纯的用电稽查执法为全方位上门服务煤矿企业用户。由此，引出了武乡县供电公司由营销稽查向"上门服务"的转变。

二、解决问题的实践过程描述

（一）主动出击，一切做到用户放心

国网武乡县供电公司及时组成由营销部牵头、计量班、用电稽查班全面配合，抽调精干队伍主动联系煤矿及其主管部门，对整合后煤矿的开采能力、供电设备进行摸底，对供电设备进行排查，与报装容量对比；业主、主管部门、供电企业三方一起对煤矿的发展进行规划，换位思考，真正为业主考虑，并从安全、效

益方面为出发点，在不违背政策原则的前提下既满足安全生产需要，同时尽量减少业主投资；武乡公司在最短时间内为煤矿企业筹划出供电方案，并经政府主管部门认可，最终确定供电方案。

（二）开诚布公，一切以客户为中心

在服务上，公司秉承"一切以客户为中心"、"用户是上帝"的宗旨，对确定的供电方案，会同客户积极向供电企业上级主管部门进行申报，供电企业主管部门向客户讲政策、讲原则、讲技术，让客户理解供电企业《供用电规则》的制定原则，使客户在换位思考后主动承担因违约用电造成的安全隐患和给电网带来的后果，并使其从制裁客户违约用电行为的简单认识中变为主动承担违约用电费用。

（三）服务跟进，彰显供电服务魅力

在增容工程上，公司开通业扩报装绿色通道，让客户真正享受"VIP"服务，责成专人提供客户经理服务、业务受理优先服务、业务办理跟踪服务、用电技术援助服务，并由分管领导亲自督促、过问业务办理情况，跟踪服务，并主动与上级供电主管部门和政府相关部门沟通，加快了报装进度。

（四）"四字"为先，开创特色服务

1."帮"字为先

及时帮助企业分析用电市场、帮助企业检查用电设备安全、帮助企业解决用电困难。

2."诚"字为本

诚信为本，与企业诚恳交流，诚心为用户解决用电实际问题。

3."讲"字以需

依照相关政策、电力法规，深入企业实践，为企业讲用电常识、讲依法用电、讲安全用电、讲节能解排。

4."真"字服务

一切以真心围绕全县"一三三"发展战略为出发点，一切以真心服务"红色老区武乡经济"为落脚点,一切以真心帮助企业用户"急企之所急、想企之所想"为归结点,"真心服务"换用户理解支持。

三、对实践过程的思考和对效果的评价

国网武乡县供电公司在营销稽查中由单纯的"查、罚、处"转变为供电服务的全方位"上门服务",高危企业用户对电力企业的信赖度增加、依赖度增强、对立面减少。2012 年,有 6 座煤矿按照《用电营业规则》正常办理业扩报装手续,报装容量 7 兆伏安,追收基本电费 50 余万元、违约使用电费 150 余万元,不仅规范了高危客户用电秩序,还挽回了企业的经济损失。

由此,国网武乡县供电公司充分体会到供用电双方沟通及供电服务的重要性。近年来,公司先后投资开通了短信服务平台系统,强化停、送电管理及短信供电服务告知,为客户正常生产、生活提供了更加方便、快捷的服务;在中心营业厅开通了 24 小时自助缴费终端,同时实现 5 个供电所全部有自助缴费终端系统;在全县全面推行 POS 缴费终端便民服务代收点,目前已设立近 100 个代收点,同时公司与县农行积极协调,在全市启动了银电(农行+电力)联手联网收费模式,以刷卡缴费代替现金缴费,不仅方便居民用户快捷缴费,而且强化了电费资金的安全管理和全过程监控管理。目前,公司在全县已设立 50 余个农行惠农卡自主缴费终端,极大地方便客户随时随地缴纳电费,努力打造"十分钟缴费圈"。

专家点评

该案例将营销稽查中的"查、罚、处"转变为供电服务的全方位"上门服务",有效地提高了高危客户对公司的信赖度,减少了对立程度,不仅规范了高危客户的用电秩序,同时赢得了客户的认可。该做法具有一定的推广借鉴意义。

多措并举降低客户投诉举报

姓名　续小刚

单位及职务　国网古县供电公司副经理

【单位简介】

　　国网古县供电公司成立于 1970 年，担负着全县 7 个乡镇、111 个行政村的工农业生产和生活用电任务。管辖 35 千伏输电线路 10 条，总长 138.22 千米；10 千伏公用线路 14 条，总长 623.21 千米；用户专线和行业线路 23 条，总长 113.6 千米；110 千伏变电站 2 座、主变压器 4 台，容量 161.5 兆伏安；35 千伏变电站 5 座。先后荣获省级安全生产先进单位、精神文明建设先进企业、农网安全生产先进集体等荣誉称号。

【案例摘要】

　　随着城乡居民生活水平的不断提高和家电下乡优惠政策的刺激，城乡用电客户家用电器应用越来越广泛，客户的用电需求不断增长，依赖程度越来越高，并且对供电可靠性也提出了更高的要求，从能用上电逐渐转变为要用好电，从少停电转变为不能停电。针对客户需求和存在的供电屏障，国网古县供电公司从电网建设、技能提升、快速响应、创新服务、监督管理五方面入手内外兼修，努力降低故障率提高服务品质，缓解供用双方的矛盾，减少客户投诉，提升客户满意度。

一、具体问题描述

近年来，城乡用电客户的电力需求越来越大，依赖程度越来越高，并对供电可靠性也提出了更高的要求。然而，与之极度不相适应的是目前农村配电网改造、建设的速度远远滞后于家电的普及速度，这与客户不断攀升的需求不相匹配，特别是在夏季、冬季用电高峰时期供需矛盾更为突显，客户投诉剧增。

二、解决问题的方法和思路

针对客户需求和存在的供电屏障，公司确定从以下五个方面入手降低故障率，缓解供用双方的矛盾，减少因服务行为和故障停电引起的客户投诉：一是加快电网建设，提升设备健康水平，努力实现不停电、少停电的目标。二是加强员工队伍建设，提升员工服务技能，在日常工作中能正确履职、规范服务，在突发故障抢修中能熟练作业缩短故障时间。三是规范供电服务行为，提高供电服务品质，又好又快地处理客户故障避免投诉发生。四是多措并举拓宽服务界面，满足客户差异化需求。五是建立常态监督管控机制，开展明察暗访活动，规范人员服务行为。

三、解决问题的实践过程

（一）强化电网运行维护，加快电网建设步伐

一是持续开展供电设备隐患排查治理，加大缺陷处理力度，强化防外力破坏措施落实，进一步降低设备故障率。二是推进带电检测技术深化应用，大力开展配网不停电作业，持续提升带电作业化率。三是强化停电检修计划的综合协调和刚性管理，严格控制重复停电次数，提高供电可靠性。四是加强配网抢修资源统一调配管理，强化营配业务协同和信息融合，建立横向贯通、高效集约的业务协同机制，实现生产管理、营销、用电信息采集等系统间数据共享，实行电力故障"首到必修"。五是

充分发挥用电信息采集系统的实时监控功能，及时发现和处理公用配电变压器超载、电压质量不合格等方面问题，推行标准化抢修，提升抢修工作速度和质量。六是强化停电计划协同管理，实行电网计划检修、业扩接入工程、电网建设改造、客户设备检修停电计划的"四联动"。七是以网改和采集工程建设机遇，更换高损配电变压器、老旧线路和计量装置，全面提升设备健康水平，提高供电质量，减少故障停电。

（二）加强服务队伍建设，不断提升一线服务技能

一是进一步优化完善乡镇供电所的机构设置、人员配置和工作机制，满足实际供电服务工作需要。二是加强思想道德教育，强化员工职业道德、遵章守纪意识、执行力、企业文化等方面的培训，增强责任意识和服务意识，提高干部员工做好服务的自觉性和主动性。三是加大专业培训力度，提高员工队伍特别是农电工队伍的业务素质和服务能力。四是建立完善的考核激励约束机制，结合乡镇供电所实际，制定相应的业务质量、服务质量考核标准，并纳入企业业绩考核范围。

（三）规范供电服务行为，提高供电服务品质

一是严格执行国家电价政策和收费标准，规范电费催缴及停复电行为，严格执行电能表更换工作流程，认真做好电能表更换前公告等服务措施，做好新、旧表计底码的记录。二是进一步拓展多元化缴费方式，方便客户购电，满足不同客户多样需求。开展针对居民百姓，特别是孤寡老人等弱势群体的延伸服务，开展电力"三进"和"流动服务站"活动。三是加大安全用电宣传力度。将针对家庭、户外等不同环境中安全用电的知识宣传片，在电视台、营业厅电视等媒体平台以及农村、校园滚动播放，宣传普及安全用电知识。四是加强停送电服务管理，切实履行计划停电、临时停电等告知义务，优化抢修服务网点及人员、车辆配置，及时组织抢修，最大限度地缩短停电

时间，加大备品备件的储备，解决设备故障时因备品备件不足而延误抢修的问题，严格落实值班制度，保证抢修人员及时到达，缩短故障抢修时限。五是规范投诉举报处理流程，严格按照"国网临汾供电公司营销差错责任追究相关规定"，加大属实事件的处罚力度，及时跟踪舆情动态，响应客户诉求。

（四）多措并举拓宽服务界面

一是严格规范电费催缴，落实欠费客户信息复核制、客户反馈差错首问负责制，杜绝错停电。依托省级集中短（彩）信平台开展先短信后电话催费，逐步实现无停电催费。二是严格规范欠费停复电行为，严禁不按流程随意停电催费、无票催费停电、未经批准催费停电等行为。对欠电费客户依法采取停电措施，提前 7 天送达停电通知书，并在停电前 30 分钟再次电话告知客户，费用结清后 24 小时内恢复供电。三是严格电费抄收管理，合理调整居民客户抄表周期，固化抄表例日，严肃查处估抄、代抄等违章作业。细化明确采集、抄表人员职责界面、流程衔接和数据交互要求，提高自动抄表准确率。对采集系统覆盖地区的客户，逐步取消人工抄表。四是城市地区推进电力自营收费、客户自助缴费、社会化代收并存的"十分钟缴费圈"建设；农村地区推进"村村有缴费点"建设。五是规范营业厅缴费服务，严格电费发票管理，严禁无票据或"白条"收费。规范自助缴费终端等设备的维修管理，引导居民客户使用自助交费渠道，不得拒收客户现金缴费。

（五）加强监督考核机制建设

一是组织开展明察暗访，坚决查处服务领域违规违纪行为，对发现的问题和相关责任人员严肃处理，坚决杜绝有法不依、有章不循等行为，转变员工队伍工作作风。二是加强供电服务质量监督考核机制建设，建立健全考核指标体系，结合供电服务"十项承诺"和员工服务"十个不准"等要求，制定和完善详细考核细则，明确指标量化要求，保证考核指标客观反映工作实际情况，实现以管控保质量，以考核促提升，确保供电服务提升工程取得实效。三是开展第三方客户满意度测评工作，深入查找服务短板，促进服务水平的不断提升。

四、对实践过程的思考和对效果的评价

近年来，国网古县供电公司通过对内以强化监督考核、规范服务行为、提升服务技能为着力点，对外借助低电压治理、户户通等农网升级改造工程和用户采集工程建设的有利时机，扎实开展改造工作。配电网健康水平大幅提高，供电质量明显改善，故障呈逐步下降趋势，部分台区实现了零故障、零报修、零投诉"三零"目标；规范的服务和多渠道故障报修方式、多元化收费形式的不断完善，给客户带来方便的同时也有效地避免了误会的产生，很大程度上促进了"三零"目标实现。

专家点评

该案例从电网建设、技能提升、快速响应、创新服务、监督管理等方面入手，有效地解决了客户投诉热点问题。该体系无需硬件投入，只是一种管理模式的复制，是提升县公司管理水平的一个很好的管理手段。

营销服务流程重组与优化

【单位简介】

　　国网五寨县供电公司成立于 1969 年，担负着全县工农业生产和人民生活供电任务。公司管辖设备有 35 千伏线路 2 条、35 千伏变电站 2 座、10 千伏开闭所线路 1 条和 10 千伏开闭所 1 座。先后荣获省级卫生先进单位、省级文明和谐单位荣誉称号。

姓名　姚海滨

单位及职务　国网五寨县供电公司副经理

【案例摘要】

　　随着人民生活水平的逐步提高，客户的服务需求也从单一满足其用电需求提高到要求提供高效、快捷、方便、规范的服务。在新的环境下，公司必须跳出传统的框架，真正建立以服务为导向的体系。本文以居民新装的业扩流程为例，论述经过优化再造后的营销业扩流程不仅缩短了工作时间，而且有效缩短了业务流程，进一步阐明推行扁平式的管理体制结构，能够大大节省人力物力，提高工作效率，进而真正实现营销服务过程的"无缝连接"，营销环节的顺畅运作，服务质量的逐步提高。

一、具体问题描述

在营销服务工作中，客户在办理用电手续时，烦琐的业扩报装流程让客户感觉"头都大了"，所以过多的审批不但干预市场还阻碍改革。为了顺应电力客户期盼，更好地服务社会、服务人民，营销服务流程重组和优化势在必行。为此针对简化业扩报装手续、优化流程、完善服务机制做以下几点阐述说明。

由于电力商品的特点，行政性的垄断经营使营销流程以检查、审批、审核为主，这些工作环节不仅浪费了用电客户及电力企业大量的人力、物力和财力，而且阻碍客户体验其他营销环节上的服务，客户满意度始终难以提高。随着人民生活水平的逐步提高，客户的服务需求也从单一满足其用电提高到追求供高效、快捷、方便、规范的服务与舒心愉悦的消费环境。在新的环境下，只有跳出传统的框架，重新审视自己所面对的市场，才能真正建立以服务为导向的体系。

以营销流程中居民新装的业扩流程举例说明：

客户填写申请表递交到营业厅；业扩人员根据业务受理次序到现场勘察方案；进行勘察方案的审核；向客户发出供电通知书；客户委托施工单位施工；施工单位完工后，客户向供电企业递交竣工验收申请及相关资料；营业厅审查竣工资料后组织人员进行现场验收；验收合格后与客户签订供用电合同、电费协议；客户交纳相关费用；营业厅通知计量组装表并办理投运会签手续；计量组装表、供电外勤人员接电；工作结束、资料移交归档。

从上面流程可以明显看出，原有的流程存在以下问题：

（1）周转时间很长，从申请受理到最后工作结束归档，共有 12 个环节之多。

（2）业务过于细化、重复较多。例如现场勘察工作具体实施中，业扩人员与施工单位重复劳动。再如每个工作环节都要等上一个环节进行完之后才能开始，过于细化的工作和过于分散的职责分配，都导致了营销流程执行时间过长。

（3）无附加值工作占用较多。从业扩人员根据业务受理次序进行现场勘察到方案的组织审查，各个环节的审核、审批，这些工作不增加任何附加值，却浪费了人力、物力和时间，还容易形成扯皮、推诿的现象，更加影响效率。

二、解决问题的思路和方法

业扩报装是用电营销工作面向客户的第一个环节，也是市场开拓的重要环节。因此要从积极开拓市场的角度出发，在缩短报装时间、规范客户工程两个方面重点做好对客户的服务。由客服中心牵头负责，公司主管领导负责其具体运作，实行"一口对外"，统一受理客户电力工程委托，并严格按照规定及职责划分，做好客户电力工程的委派、勘察设计、概（预）算编制、施工合同签订、工程施工以及竣工验收、装表接电等工作。同时依托技术创新，实施营销服务流程再造，将流程进行合并、改进，减少工作环节，缩短报装时限。

三、解决问题的实践过程描述

（一）并行作业

将数项工作或业务进行组合，合并为一来执行。将业扩人员现场勘察与施工单位施工结合起来，将资质合格的施工单位组织起来，一次至少推荐两个施工单位给客户并共同参与现场勘察，由客户自主委托施工，并由施工单位报竣工验收，这样就将原来的四个环节简化成一个。同时将与客户签订供用电合同及电费协议，客户交费和安排计量组装表等工作与工程施工同步安排，即工程竣工时，电表已安装到位，合同协议与客户交费已相继完成，仅剩下工程验收和投运供电，在最后的环节还推行了验收会签制，若当场验收合格则即刻安排投运接电。

（二）开通"绿色通道"，实行快速服务

这一做法主要基于要对同一业务设置若干种处理方式的思路，对投运时限要求非常紧，或客户有特殊要求的业务，开通营销流程"绿色通道"，即客户提供可靠的信誉和经济担保，可委托供电企业全权负责工程施工与投运，其他手续待投运后补办。

（三）将事中检查、控制改为事后检查、控制

将原来流程中的各项审核环节，根据实际情况，归纳出明确的处理规定，由业务主办人员负责进行具体处理，业务结束后实行单项业务工作质量评估制，即待业务办理完毕后，企业内部对业务主办人员进行该项业务工作的质量评估和考核。对于安全责任等可能对企业造成重大影响的环节，将领导检查改为专业人员集中会签。

通过以上方法公司对原有营销流程进行了合并、改进，形成新的流程：

客户可多方式提出用电申请（如直接递交申请表、电话申请、网上申请、异地申请、委托申请等）；营业厅负责全权办理客户全部业务（如现场确定方案、施工及竣工验收等）；营业厅组织人员进行装表接电；工作结束、资料移交归档。

将原来的 12 个环节减少为 4 个环节，原来需要 8—10 天的工作，现在平均仅需 3 天就能完成。

四、对实践过程的思考和对效果的评价

经过再造后的营销流程大大缩短了工作时间，有效地缩短了业务流程。推行扁平式的管理体制结构，大大节省了人力物力，提高了工作效率，降低了经营成本，开辟了新的营销服务渠道，增加了经济效益。

营销服务流程重组与优化不仅是一个巨大的系统工程，更是一个动态的发展过程，需要不断地应用、检验、修正和完善，

才能真正实现营销服务过程的"无缝连接",营销环节的顺畅运作,服务质量的逐步提高。

专家点评

　　该案例紧密结合国家简政放权的要求,对客户最关心的业扩报装流程进行了简化、对业扩报装内部管理进行了优化,有效提升了营销管理工作水平。具有一定的推广借鉴意义。

打造"购电量控"作业平台
利用技术手段解决电费回收难题

【单位简介】

    国网交城县供电公司成立于 1971 年,担负着交城县城区及 10 个乡镇 142 个行政村的电网运行、维护、检修及供用电管理任务。现有 110 千伏变电站 8 座,变压器 17 台,总容量 703 兆伏安;110 千伏线路 10 条,87.85 千米;35 千伏变电站 8 座,变压器 13 台,总容量 95.6 兆伏安;35 千伏线路 28 条,242.63 千米;10 千伏开闭所 1 座;10 千伏线路 93 条,966.8 千米。2008 年以来,连续 6 年被省文明委授予山西省文明和谐单位标兵荣誉称号,2010 年、2011 年连续两年被省总工会授予劳动关系和谐企业荣誉称号,2011 年被省公司评选为一流县级供电企业。

【案例摘要】

    国网交城县供电公司依据省公司电能量采集与负荷管理系统,开发了"购电控功能"与"短信告警功能",通过加装预付费开关,实现了集远程采集和控制于一体的监控体系,对加强有序用电管理、快速处理表计故障、实现收费手段技术化起到了积极的推动作用,全面提升了市场管控与服务水平。

姓名　张永灵

单位及职务　国网交城县供电公司副经理

一、具体问题描述

交城工业结构偏重于煤焦、水泥和化工等行业，长期以来由于投入不足，产品结构单一，缺乏竞争优势，加之污染严重，在经济结构和产业结构调整过程中，限制类行业和淘汰类企业逐步面临淘汰和出局的命运，公司经营形势异常严峻，电费回收任务艰巨。这些高耗能企业和高风险行业，对国家宏观调控非常敏感，经营状况一旦恶化，便形成欠费。这种风险对供电企业来说，是百分之百的债权风险。所以，如何能既有效控制100千伏安及以上用户的欠费风险，实现收费手段技术化，又能及时掌握和处理用户在用电过程中出现的问题、故障，提升营销管理水平，成为公司迫在眉睫的大事。

二、解决问题的思路和方法

面对严峻的电费回收形势，公司在认真分析近两年的电费回收情况以及欠费客户经营状况的基础上，了解不同行业用户的电费比重，决定加大资金和技术的投入，推广应用电能量采集与负荷管理系统，制定了"先试点、后推广"的实施路线。作为省公司试点单位，公司率先对专线与高危行业以外的 100千伏安以上用户进行采集终端的安装，建立了该系统运行的一整套管理制度与流程。应用电能量采集与负荷管理系统构建了"购电量控"的作业平台，为营销管理的电费回收、用电检查、市场分析提供了强有力的技术支撑。公司以试点先行，促进整体推进的模式逐步扩大系统用户的应用范围，并在运用中取得了实效。

三、解决问题的实践过程描述

在对用户安装预付费装置实行"购电量控"后，为确保该项工作的质量与成效，一方面将供电所长、营业班班长作为电费回收的第一责任人，要求各所安排专人通过采集系统、营销系统对所有管辖用户的电量、预付费进行实时跟踪，对照剩余电量及时通知用户缴费。在每月电费发行前确保足够的预付费，将出现的差值票纳入电费回收的考核中。另一方面负控专责每日将欠费用户明细发到所长邮箱，协助供电所提高对负控用户的管控。负控专责无单不得随意停送电，用户欠费需停电时，由供电所填写《负控用户停电单》，加盖供电所公章后转负控专责，负控专责收到停电单后电话通知用户，第二天实施停电并通过运行日志做好停送电记录。一个收费周期完成后供电所要安排专人和负控专责核对剩余电量。

（一）系统的主要功能与应用

电能量采集与负荷管理系统主要包括前置机通讯、数据采集、档案管理、随时抄表、报警管理、数据浏览、系统管理、负荷控制、负荷管理、系统信息、统计管理、终端维护、报表管理等多个模块。系统主站采用三统一原则，即统一平台、统一功能、统一规约。采用省、市、县（支公司）三级管理、系统数据地区集中管理的模式构建系统框架。主要通信组网是移动 GPRS（CDMA）网络，系统主站实现了电能量采集和负荷管理系统统一规范的管理平台，兼容不同厂家终端和多种通信方式。系统提供 Web 浏览功能，通过严格的权限保护提供购电控查询与购电控设置。

（二）对用户实现"购电控"

在系统推广初期，公司以解决电费回收难的问题为抓手，本着创新收费技术手段的原则，系统实施人员与威胜厂家在电能量采集系统主站端开发了操作性较强的"购电控制软件"。即电能量采集系统的主站端根据用户的预付费和平均电价计算出电量，此电量与终端抄回来的电量进行比较，当此差值电量小于主站设定的额定数值时，主站系统向运行人员发出告警提示（短信或音响），并通过短信通知用户缴费。安装负控装置的用户全部签定了《付费售电协议书》，实现了"先买电后用电"的交费模式，欠费不再是营销工作中的难题。

92

　　国网交城县供电公司作为试点单位在推广应用电能量采集与负荷管理系统以来，接待了多家兄弟单位的参观学习，展示了该系统的应用成果。在总结成绩的基础上，公司将不断扩大"购电控"与采集终端的应用范围。

　　（三）系统的采集功能

　　该系统利用先进的计算机技术、网络通信技术、数据库技术等高科技成果，实现对用户终端数据信息的自动采集。终端设备与主站系统采用 GPRS 方式，GPRS 终端连接到主站的专网固定 IP，将所获取的数据传输到主站。负控人员登录系统后可以随时查询用户的实时数据，进行远程抄表，可以减轻抄表人员的工作量。对已安装负控装置但尚未启用负控作计量的用户，当计量表计故障时，可以通过采集系统记录的实时数据分析用户电量情况，科学地进行故障追补。公司利用该系统的采集功能，对田园永磁有限公司、亚达铸钢厂等 6 个用户进行了故障追补，追补电量有功电量 25.68 万千瓦时，无功电量达到 7.87 万千瓦时，利用技术手段有效堵塞了漏洞。

　　四、对实践效果的评价

　　（一）对用户进行远程停、送电操作

　　在大规模的节能减排政策实施中，公司按照政府文件精神，按时对所列用户实施断电，负控人员通过电能量采集与负荷管理系统对用户下达停电指令，实施远程停电，关停用户近 80 户。在政府下达复产文件后，对关停的用户进行了远程送电。电能量采集与负荷管理系统在落实节能减排政策大规模的断电、送电中充分发挥了其先进的技术作用。

　　（二）对用户的实时监控

　　电能量采集与负荷管理系统可以采集用户的实时数据，对用户的用电状态可以实时监控，通过分析采集的电压、电流值、电量等信息，来判断用户是否正常用电，对用户的监控为反窃电、违章提供了技术手段，负荷管理是供电企业的"雷达站"。

（三）不断扩大采集覆盖面，促进营销管理上台阶

电能量采集与负荷管理系统在推动营销管理工作不断向现代化、科学化、集约化方向发展的进程中，积极调整理念，制定长远发展规划，不断加大对负控管理的投入和软硬件建设，不断建立完善以科技进步为平台、以高新技术为支撑的营销现代化运行体系。利用电能量采集与负荷管理系统试点单位的有利契机，全力完成该应用系统的试点工作，在总结试点成果的基础上不断扩大采集范围，对专线用户进行负控装置的安装，利用技术手段解决大户用电量大、月电费额度高的分次收费问题。对 100 千伏安以下专用变压器用户进行低压采集装置的安装，向全采集、全覆盖的管理目标迈进。

截至 2014 年 10 月，100 千伏安及以上用户共安装负控装置454 台、数据采集终端 775 台，覆盖率达到专用变压器用户的65.46%，正式开通购电户 534 户，负控收费占到月应收电费的50%，系统正式运行 7 年多来累计收取购电款约 14.55 亿元。"购电控"平台的建立，为电费回收提供了强有力的技术支撑。目前，公司在专用变压器用户实现"全采集、全覆盖"后，做到了采集、量控的有效结合，既提升了营销管理水平，又保障了电费的有效回收。

专家点评

该案例以信息化、智能化建设为技术手段，有效解决了对用户的实时监控、电费回收、远程费控等各类营销技术难点问题，同时从管理流程上也对欠费用户停电过程进行了一定的规范。对系统内单位开展营销管理水平提升具有一定的帮助和借鉴意义。

创新服务举措　提升服务水平

【单位简介】

国网高平市供电公司担负着高平市全境的电网建设、电力运营和供用电营销服务任务。管辖 110 千伏变电站 7 座；公司运行维护的 35 千伏系统变电站 8 座，110 千伏线路 1 条，35 千伏线路 18 条 142.11 千米，10 千伏配电线路 86 条 2912.79 千米，10 千伏配电变压器 1930 台 330.18 兆伏安。2002 年以来连续 8 年保持国家电网公司一流县级供电企业，2012 年再次被国家电网公司评选为一流县级供电企业。

【案例摘要】

2014 年，围绕党的群众路线教育实践活动的深入开展及"访民情，送服务，听需求，促落实"客户走访专项行动的持续深入，国网高平市供电公司坚持"你用电，我用心"的服务理念，结合客户实际用电需求，变被动为主动，化劣势为优势，主动出击，超前谋划，提前介入，积极寻找符合自身发展的新思路和新构想，创新推出"项目对接提效工程、服务流程提速工程、民生用电保障工程、按需走访客户工程"等四项服务举措，

姓名　赵月明

单位及职务　国网高平市供电公司副经理

95

取得了社会效益和经济效益的双丰收。

一、具体问题描述

2014 年，以煤炭、化工、铸造为主导产业的高平市经济发展因市场影响持续低迷，给国网高平市供电公司生产经营带来了巨大的压力。但作为山西省唯一的"转型综改、扩权强县"双试点县，高平市在"打造炎帝故里，建设大美高平"思路的引领下，城市加速扩建、新项目加速引进，众多市政工程及新企业大规模开工建设，又为公司带来了历史性的发展机遇。机遇与挑战并存，公司只有主动适应形势发展，通过创新服务举措，提升服务水平，履行社会责任，服务好地方政府、服务好用电企业、服务好群众生产生活，才能变压力为动力，变劣势为优势，在为地方大发展、大繁荣做出贡献的同时，实现公司经济效益和社会效益"双赢"。

二、解决问题的主要思路和做法

（一）立足助力经济发展，实施项目对接提效工程

围绕高平市政府开展的"五项重点百日攻坚"大会战，公司营销部营业班与政府各职能部门、所涉企业建立起月度信息沟通机制，采取现场办公的方式，主动对接西部煤田、高沁高速、米山科技园区等重点招商引资项目和"一轴两翼、四纵四横"重点市政工程，及时掌握工程项目进展情况。同时，超前开展负荷预测，提前设计项目用电方案，全力满足新增用电需求。

（二）立足快速办马上办，实施服务流程提速工程

对外重点项目推行客户经理"一对一"全程式跟踪服务机制，全面协助客户办理用电报装手续，加快受电工程进度，采取低压业扩一次办结、高压业扩限时办结等措施，将客户报装平均时长压缩 10% 以上。对内理顺、简化报装流程，建立工作联系单和工作联系会议制度，营销、运维、调控、乡镇供电所

等部门相互协作，缩短环节流转时间，提高整体流转速度，促进新增项目早投产、早用电。

（三）立足保障百姓利益，实施民生用电保障工程

以服务民生为导向，积极与政府联动，为高平市保障房、高平南部供暖站、高平一中新校区、天怡幼儿园、新北小区回迁工程开辟用电"绿色通道"，快速办理相关用电手续；针对全市居民修房临时用电，对符合条件的采取"先通电后补手续"的方式，实现了报装、用电"一日通"；针对全市合表用户，通过广泛征求小区物业和居民的意见、建议，对有共同意愿且经过协商的小区，合理安排用电接收工作，完成 7 个社区、1019 户的户表改造任务；超常规服务长平桥建设、丹河景观改造、炎帝陵修复等重点项目，保证"炎帝故里，大美高平"建设的顺利实施。

（四）立足客户实际需求，实施按需走访客户工程

对用电大户由过去"定期走访"模式转向"按需服务"。如在走访福鑫铸管公司时，电费技术人员特别针对该企业咨询过的电费"承兑"业务，从政策、操作、风险及供用方共同利益等方面进行了详细答复，使客户完全消除了疑问；在三甲焦化公司，客服中心人员针对当前市场形势严峻，企业经营压力较大的实际，对用电报装业务中的报停、减容、复电等业务办理进行现场指导，以解决企业实际难题。

三、对实践效果的评价

推行四项服务新举措以来，广大电力客户切实感受到了供电企业"四个服务"宗旨，供用电双方进一步增进了解、增进互信，共同营造和谐的供用电环境。同时，公司在经济形势低迷的压力下，实现了稳定存量市场，开拓增量市场，增供扩销取得显著成效。2014 年，公司售电量完成 6.63 亿千瓦时，同比升高 7.49 个百分点。受理 95598 客户投诉较去年同期大幅度下降。

优质服务没有止境，创新、发展和完善优质服务工作是公

司顺应"两个转变"、适应"三集五大"建设的必然选择，是一个大的方向。只有以客户需求为导向，以客户满意为追求，不断创新服务手段，提升服务质量，提高办事效率，全力营造良好的用电软环境，才能更好地履行社会责任，更好地服务经济社会发展，更好地实现公司持续健康发展。

对接提效工程、服务流程提速工程、民生用电保障工程、按需走访客户工程等四项创新服务举措实施以来，国网高平市供电公司供电服务工作得到了社会各界的认可。2014 年，公司收到客户锦旗 2 面、感谢信 1 封、高平电视台就供电服务工作专题报道 3 次，公司投诉举报明显下降，经营指标持续向好，供电服务工作得到了政府和群众的一致好评。

专家点评

该案例重点围绕业扩报装工作，从"提效、提速、保障、走访"等四方面进行了有效的创新，供电服务工作得到了社会各界的认可，有一定的借鉴意义。

农 电 管 理

深化全面风险管控
提升县级供电企业综合管理水平

【单位简介】

国网左权县供电公司成立于 1970 年 8 月，担负着左权县 2028 平方千米，52195 户的供电任务。管辖 110 千伏变电站 4 座，35 千伏变电站 4 座和 10 千伏开闭所 1 座，主变压器容量共计 378.6 兆伏安；35 千伏线路 20 条，长度 216.8 千米；10 千伏线路 47 条，长度 1104.74 千米。先后荣获山西省文明和谐单位、预防职务犯罪先进单位、电网先锋党支部等荣誉称号；2012 年被山西省电力公司评选为一流县级供电企业。

【案例摘要】

县级供电企业是国家电网公司决策的最基层的执行者，既肩负着维护央企形象的重任，又承担着服务社会经济的社会责任，所面临的各种风险相当突出。随着国家依法治国施政理念的全面推进、社会各界监督的广泛渗透，对各项工作的要求越来越严格。因此，供电企业依法治企工作将任重道远，加强各种风险管控是搞好企业的必由之路。

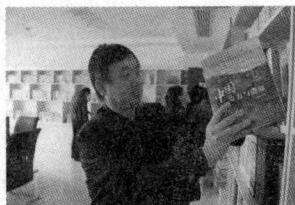

姓名　刘　坚

单位及职务　国网左权县供电公司副经理

一、当前县级供电企业发展过程中存在的风险

（一）安全风险

一是电网设备抵御自然灾害能力不强。以左权电网运行现状为例，存在着主网坚强、配网薄弱的结构性问题，且地处农村偏远地区，供电半径大、线径细，线路电杆路径多位于地质复杂的山坡和河床地带。特别是 2013 年，大风、雷雨等自然灾害频发，发生多次倒杆断线、烧毁配电变压器等故障，甚至由于断线引发了森林火灾等次生灾害。

二是外力破坏影响电网设备安全可靠运行。主要集中在城建施工挖断电缆、公路沿线杆塔受车辆碰撞等。这也暴露出在前期电网建设规划中与县域道路、城建、村镇建设规划不相协调等问题。

三是高危客户安全用电风险。供电企业作为高危客户安全用电监管部门，每年都进行多次的安全用电检查，但客户在隐患整改方面不积极、不配合。

（二）电费回收风险

县级供电企业经营管理的四个核心就是"量、价、费、损"，最终体现在电费也就是经济效益上，电费风险防范是经营风险管理的核心。县级供电企业电费管理中存在以下三个方面的风险：

一是传统的"先用电、后付费"结算方式存在风险。当用户倒闭、清算、逃逸或无力支付电费等情况发生时，损失已难以挽回，即使采取停电措施，或者诉诸法律，有时也难以收回应收电费。

二是付费购电执行过程中存在较大困难。主要体现在大宗工业用户方面，目前公司执行的预付电费政策缺乏政府强有力的政策支持，致使月底的电费回收出现迟滞现象。

三是市场影响造成电费回收风险加剧。全县用电量中，工

业用电占 80%，由于受整体经济下行的影响，作为县级支柱产业的 12 座煤矿，基本处于半停产状态，欠费风险很大。

（三）法律风险

一是因触电造成的人身伤害赔偿法律风险。在司法实践中，地方法院或者地方安全主管部门对发生因触电造成的人身伤害案件，往往从保护弱势群体和维护社会稳定的角度处理案件，让供电企业承担无过错责任，使得供电企业在电力伤害赔偿中处于十分被动的地位。

二是劳动用工法律风险。主要体现在农电用工管理上，新《劳动合同法》的实施，对劳务派遣的用工比例、劳动报酬作出了明确的规定。现有的农电用工劳务派遣在许多方面有悖于法律规定。如不及时予以规范，极易引起农电用工法律纠纷。

三是供电企业自身执法存在矛盾。随着电力体制改革的推进，供电公司执法主体地位淡化，在维护供电企业自身权益方面困难重重。一方面在反窃电行为的查处中，虽然可以将窃电归为盗窃罪，但在实际工作中供电企业很难寻求到司法部门的密切合作，利用刑事法律对窃电犯罪进行打击的力度不够。另一方面，用电检查人员在查处窃电中，因员工的方式、方法引起的纠纷、投诉，也极易引发社会的负面影响。

四是合同风险。在目前的营销管理中，只是对高压用户签定了《供用电合同》，而对低压居民用户则长期处于一种自然管理状态，一旦发生供用电纠纷，供、用电双方责任鉴定将无据可查。

五是企业内部管控风险。由于企业员工的素质参差不齐，受员工个人管理能力、执行制度主动性等方面的影响，一些不合法、不合规的现象仍不可避免地发生。

（四）社会责任风险

一是政府部门强制性、指令性停电措施，导致客户将不满情绪转移到供电企业，进而影响企业的社会形象。

二是企业部分员工不注重作风、行风建设，不作为、乱作为，给公司形象造成极其恶劣影响。

三是突发性频繁停电给客户带来较大的生活影响，缺乏有效的解释措施，使得民众对供电服务不认可，这在基层站所"双评"中体现得尤为明显。在这方面，2013年以来公司对突发性停电均通过电视台等向群众做了解释，起到了较好的效果。

以上几方面是通过近年来的工作实际，反映出县级供电企业可能面临的风险。若从企业内部风险管理方面着眼，不难发现还存在着以下方面的问题：一是全员风险意识缺乏；二是没有建立涵盖全过程风险查找、分析、研判、解决制度；三是缺乏风险应对防范措施。

二、对县公司推进风险管理的思考

推行风险管理是现代企业发展不可或缺的重要管理环节，针对县级供电企业实际，应从以下方面抓好全面风险管控。

（一）健全风险管控常态运行机制

一是加强全员风险意识教育。要在技术、经济、法律、财务、经营等各专业领域开展风险培训教育，普及风险管理知识，提高全员风险管理意识，真正成为保障企业可持续发展的坚强防线。

二是将风险管理列为企业日常管理的重要范畴，完善专业协同监督机制，将公司内部协同机制制度化、规范化，保证各项工作的闭环管理。并且定期组织各专业领域管理人员开展本专业日常管理中的风险研判，编制各专业领域风险应对管理措施，形成环环相扣、机制健全、保障有力的全员风险管控机制。

（二）突出内部审计在风险管理中的核心地位

一是以资金审计为主线，发挥内审风险反馈作用。对现金支付、银行结算、工程投资、"三公"经费以及各类资金使用进行常态化的审计，及时发现和解决资金使用过程中可能存在的风险与薄弱环节，保证资金运行安全，降低企业资金风险。

二是开展电力营销审计，降低电费管理风险。对电费电量的抄核收、电价执行、业扩报装、线损管理等内容进行审计，确保营销管理信息的内容真实可靠。

三是强化物资管理，熟练运用好日常运维物品、办公用品的在线超市化采购，保证各类物资既能满足日常运用，又不造成浪费。

（三）全面强化县级供电企业法律风险防范

县供电公司是各类法律法规、政策的最基层执行层，也是法律风险后果的直接承担者，因此必须加强县供电企业的法律法规。

一是慎重停电，强化重点客户管理。严格执行《电力供应与使用条例》、《供电营业规则》、《合同法》，在实施停电行为时一定要履行法律义务，及时提前通知对方，以便对方做好相关工作避免损失。同时要强化电力供用电合同的管理，明确双方责任界限。

二是加强供电管理，防范高压触电事故。应完善供用电合同中电力设施产权的划分条款，将供电企业的设施与用户资产划分明确，确保各自应承担的责任。同时做好电力设施建设、巡视及维护工作，重视警示标志张贴悬挂，确保在危险地段做好危险提示，及时做好各类隐患缺陷的排查处理，确保电网安全运行。

三是设立常年法律顾问制度。各县公司应常年聘请法律顾问，定期对各类法律法规的执行情况进行指导，及时帮助处理县供电企业在法律方面的纠纷，确保依法经营。

四是全面贯彻好《山西省电力设施保护条例》，以 2013 年出台的地方性法规为平台，积极稳妥地解决好供电企业在电网建设方面遇到的各种问题，降低企业所面临的风险。

三、解决问题的过程描述

以近期县供电公司发生的一起触电死亡事故为案例。某运输户雇用司机驾驶一辆上面载有挖掘机的汽车前往某地进行挖矿作业，在行驶到高压线路下方时，司机让受害人站在挖掘机顶部用手抬高高压线以便其顺利通过，导致受害人触电死亡。死者亲属多次到供电部门吵闹，要求予以赔偿。县供电企业及时与聘请的法律顾问予以了解咨询，对案件进行了细致地分析：一是该户主未经供电部门批准，实施线路停电措施，擅自穿越高压带电线路；二是该驾驶车辆系严重超高；三是线路对地距离符合规程规定要求。综合所述，供电部门向当地人民法院主张并举证了无过错责任。

四、对实践过程的思考及对效果的评价

通过实施全面风险预控管理，及时有效地化解各类法律法规风险。

一是通过引入常态审计制度，及时对公司经营管理进行全面审计，尤其是对正在进行的电网建设项目的建设资金，更要引起高度重视，这样可有效规避经营风险。

二是通过实施常年法律顾问制度，在经济纠纷、合同纠纷、人身伤害纠纷等方面做到事前防控。同时通过法律顾问经常性地对法律法规的宣讲解读，促进依法治企。

三是通过加强全面风险防控的教育，全员风险意识得到了加强，自觉执行相关法律法规，避免了违反法律及相关规定事件的发生，对促进企业健康发展提供了保证。

四是通过专门部门进行管理，随着国家依法治国方略的实施，依法治企已成为今后的重要工作。因此应将涉法的工作进

行集中管控，以保证企业健康有序发展。

专家点评

　　本文题目立论现实，与实际结合紧密。全面分析了县供电企业面临的各种风险，并提出了较好的改进和应对措施，是县供电企业可借鉴的实际经验之作。

加强农电标准化管理
提升公司优质服务水平

【单位简介】

国网襄汾县供电公司成立于1964年,担负着襄汾县 14 万余户居民生活和工农业生产的供电任务,供电面积1034平方千米。公司共管辖110千伏变电站5座,主变压器10台,总容量338兆伏安;35千伏变电站6座,主变压器12台,总容量96.5兆伏安;35千伏输电线路13条,共112.8千米;10千伏线路 105 条,共 1698 千米。2013 年,被国家电网公司评选为一流县级供电企业,继续保持省级精神文明单位标兵称号。

【案例摘要】

国网襄汾县供电公司以打造"十分钟便民缴费圈"为工作目标,把创新多元化收费方式作为"为民服务创先争优"活动的一项重要工作举措。充分利用收费到户的机会,把优质服务与建立良好的沟通机制结合起来,架起客户与用户沟通的桥梁,使公司"你用电,我用心"的服务理念真正深入民心,受到广大电力用户的理解与支持。

姓名 裴绍武

单位及职务 国网襄汾县供电公司副经理

一、具体问题描述

优质服务是电力企业的生命线，它渗透企业生产、管理的各个环节、各个部门，是企业综合实力的体现，关系到企业的生存和发展。作为县级供电企业，农电优质服务工作一直是公司一个重要的组成部分。2013年"95598"业务上划国网公司集中运营后，对公司供电服务工作提出了更高的要求。面对当前严峻的服务形势，公司高度重视、主动思考，就如何提升公司优质服务水平进行了深刻探讨。

二、解决问题的思路和方法

（一）提升农村优质服务水平的重要意义

随着社会经济不断发展，用电水平不断提高，负荷、电量呈快速增长，对供电质量和优质服务提出了更高的要求。农村供电服务水平的高低直接影响到整个公司优质服务水平。农村供电所管理的供电区域面积大，农户居住分散，造成供电网络点多面广线路长等电网结构复杂；部分农电工对优质服务的重要性认识不够，缺乏主动服务、超前服务的理念；农村用电需求与配电设备之间的矛盾与日俱增，部分农电工具备的技术技能跟不上新设备、新工艺的发展态势等诸多问题，直接影响着优质服务工作。因此，只有通过扎实开展农电标准化管理，全面促进农电安全生产、经营管理、营销服务和队伍整体素质不断提升，农村优质服务水平才能不断提高。

（二）目前农电管理面临的状况

农村供电网络遍布乡镇各村、组及农户，而且地域广，分散性强，有些地方人员稀少且交通不便、信息不畅，线路及设备维护面广、难度大，安全管理责任的落实范围加大，再加上施工操作、自然灾害、设备质量和外力破坏等诸多原因，农网的隐患缺陷多而复杂。虽然这些年农网得到了改造，电网质量得到了一定的提高。但在供电所管理服务方面依然存在以下问题：

1. 供电所人员素质直接影响服务质量

供电所有些人员因文化水平、个人素养等方面的限制，在服务意识、服务行为上很难适应当前电力发展和供电规范化服务要求。有的服务主动性不够，态度生硬，执行优质服务缺乏自觉性。有的营业窗口人员业务技术素质不高，对业扩报装、负荷审批、供用电合同业务、计量方面故障处理等业务不熟练，不能胜任本职工作，制约了服务质量的提高。个别职工安全意识不强，难以杜绝习惯性违章，只凭工作经验办事，对规范安全管理、严格"票证"不理解、不配合，这对安全生产十分不利，也影响了供电企业的形象。

2. 营业窗口人员缺乏主动服务意识

部分营销人员对优质服务的认识存在局限性，没能理解优质服务的深刻内涵，对优质服务的目的不明确，缺乏主动性、创造性的服务，致使服务工作带有一定的盲目性。

3. 客户投诉的热点是供电可靠率低

客户投诉中关系到供电可靠率方面的占多数，具体表现为：一是办理停电手续把关不严，停电随意性大，故障停电，装表接电停电，非计划性停电等，直接影响到客户的生产与生活用电，引起客户的不满。二是维修服务在农村因受条件局限，延长了停电时间。三是网改计划与农村日益增长的用电需求存在一定的差异。四是农村电压合格率达不到规范要求，影响客户正常用电，农网和县城电网的改造，改善和提高了农村和县城电网的供电可靠率和电压质量，但仍有许多台区存在低电压线路。

（三）解决农电管理服务方面存在问题的措施

当前社会对电网企业关注度不断增强、客户维权意识日益提高。党的十八大以来，保障民生已成为社会共识，供电服务行为已越来越成为社会和媒体关注的焦点，稍有不慎，一个很小的服务事件都可能引发质疑和非议，产生媒体曝光、网络炒作等负面舆情，给公司工作带来被动，公司服务质量面临前所未有的严峻形势。基于此，公司制定了以下几个应对方法：

1. 加强农电队伍建设

做好业务培训工作。各供电所针对员工的岗位职责、规范规定、国网"三个十条"、业扩报装流程等相关文件制度，每天在客户业务量较少期间，由供电所长、培训员组织对本所全体员工开展一小时自学活动。县公司要加强检查指导供电所自学情况，市公司要针对窗口服务人员开展业扩报装、抄催服务、礼仪服务、企业忠诚度等培训，并针对高发区域人员组织专题培训。必要时聘请省客户服务中心等外部培训力量，提升基层人员服务水平。通过加强员工思想教育和职业道德教育，开展供电所标准化管理工作，不断塑造供电企业的良好社会形象，为进一步树立以客为尊的服务观，增强主动服务意识和提高优质服务的自觉性。

2. 开展差异化服务，深化优质服务内涵

近年来，公司以打造"十分钟便民缴费圈"为工作目标，把创新多元化收费方式作为"为民服务创先争优"活动的一项重要工作举措。为不断满足居民用电客户的实际需求，公司做了大量的多元化收费宣传、指导和咨询工作。

首先，组织营销人员进社区、广场设立咨询台进行宣传网银转账缴费、银行批扣缴纳电费新知识。开展进企业、进农村、进农家优质服务宣传活动，让广大农村用户足不出户即可完成电费缴纳工作。全年累计发放宣传资料 1 万余份。

其次，对于不适应网银缴费、银行批扣缴纳电费的用户，在农家超市、移动营业厅、农村小卖部、服装店等地设立社会化代收电费网点 28 个。对距离乡镇供电所营业厅较远的自然村，由台区营销电工手持移动 POS 机开展收费业务。减少偏远地区用户因缴费距离远带来的不便，同时针对各村五保户、行动不便的用户采取手持 POS 机上门收费服务。在国网临汾供电公司与农行签订代收协议后，利用襄汾县农行村村设有代办点的优越性，开始陆续办理农行"惠农卡"刷卡缴纳电费业务代收点，现已有 44 户。目前公司有移动 POS 机 45 台，固定式 POS 机 11 台，自助缴费终端机 8 台，银联刷卡缴费 POS 机 3 台，设立社会化代收网点 62 个；农行"惠农卡"刷卡缴费网点 44 个，初步建立了公司"十分钟缴费圈"，缴费用户达到 8 万余户，离柜率 95%。

3. 采取技术措施提升公司供电水平

供电所应从影响农村配电网供电可靠率的因素入手，切实采取提高供电可靠率的技术措施与管理措施。

一是加大城乡配电网建设改造力度。开展农村居民用户接户线专项整治，结合公司户表改造配套工程建设，着力解决农村"低电压"、接户线"卡脖子"等目前急需解决的用电问题，提升城乡居民电压质量，降低此类问题引发的投诉。

二是建立完善电能表日常运维管理机制，做好异常表计、表计接反等问题的排查与治理。户表改造工程提前做好停电公告、表计改造公告。

三是规范停电信息公告与停电催费。停电信息公告全部做到社区、小区按期张贴。

4. 以"三个主动"为指导，全面提升服务水平

认真将"三个主动"的理念渗透到优质服务工作中。

主动思考就是要求广大营销人员如何从自身出发服务好电力用户，认清在市场经济环境下供电单位仅仅是众多企业之一的身份，要想生存必须做好服务；要想提升服务就必须换位思考，随时把自己与客户角色互换，想想自己处在客户的位置是一种什么样的感受。

主动作为就是从简单的微笑式服务向"简化办事流程、明

确报装时限、规范供电方案、透明收费标准"实质性服务转变，以客户满意为中心，要把客户满意不满意作为检验工作的标准，提倡"全面满意"的理念，当服务超出了客户的期望值时，客户便会满意，这就是优质服务，即客户感到满意的服务。

主动约束就是要求自己管好自己，廉洁办事，树立良好的企业形象。

5. 创建示范化供电所，提升农电管理工作

加强标准化示范工作创建力度，完成国网襄汾县供电公司邓庄供电所、陶寺供电所国网标准化供电所创建工作，以点带面使供电服务做到"职责到位、管理规范、工作高效、服务真诚"，从而促使供电所的管理水平显著提高。充分发挥标准化供电所示范效应，将标准化供电所窗口打造为供电所与电力用户联系的一条桥梁，展现公司良好形象。

三、对实践过程的思考和对效果的评价

通过加强供电所标准化管理，持续提升了供电所优质服务水平，提高了电力客户对供电服务的满意度，促进了公司在服务理念、服务机制、服务水平和服务质量上不断转变和提高。在今后的工作中，公司将继续深入开展供电所标准化建设管理，从队伍建设与环境建设为出发点，着力解决供电服务中存在的各种突出问题，不断提升公司优质服务水平，为社会经济做出新的更大的贡献。

专家点评

加强农电多元化收费管理，以收费过程为桥梁，加强与客户的沟通与理解，增强员工的主动服务意识，提高了公司的优质服务水平。

农电标准化管理案例

【单位简介】

国网屯留县供电公司担负着全县 620 个厂矿企业、68210 户居民用户的供电任务。管辖 110 千伏变电站 2 座，35 千伏变电站 4 座；35 千伏线路 8 条，共 100.3 千米；10 千伏配网线路 36 条，共 1200 千米。2013 年荣获省级文明单位称号。

【案例摘要】

国网屯留县供电公司农电标准化管理工作实践，目的在于解决农电工作中标准不明、流程不畅、效率不高的问题。通过标准化创建与实践，引导员工养成一切工作按标准化的理念和方法去思考、管理、评价、改进的新习惯。通过准确划分专业管理项目，优化工作流程，实现专业管理横到边、纵到底的管理目标，管理工作由制度管理迈上了标准管理的新阶段。

姓名　胡　炜

单位及职务　国网屯留县供电公司副经理

一、具体问题描述

农电管理千头万绪，农电工作人员素质参差不齐，出于工作的需要，部门人员经常会有岗位调整，面对不同的岗位，由于缺乏了解，往往对新的工作无从下手，力不从心，需要熟悉很长时间才能进入状态，造成工作质量下降，工作进展缓慢。

二、解决问题的思路和方法

为解决以上问题，公司组织人员重新梳理了各项工作，以往无论是经营管理，还是农网生产运行、设备设施管理，哪个急，就先安排哪个，哪个重，就突击处理哪个，人为地把工作独立、分散开来，效率低下，有时甚至有焦头烂额的感觉。通过工作实践可以发现，要解决以上问题，一个有效的途径就是推进工作标准化，这样才能使工作职责更清晰、流程更顺畅、执行更高效。在标准化建设中，按照标准化的理念，通过大家讨论分析，把看似独立、零散、繁杂的项目进行了彻底梳理，制定最优的管理流程，使工作标准、管理标准、技术标准之间有机统一起来，各岗位各项工作形成了有效的闭环管理。

（一）思路

首先从梳理工作项目、明确岗位职责开始，对每项专业管理工作，确定、分解年度专业管理目标，围绕目标要求，梳理流程，明确责任，建立健全专业管理标准；然后按照目标和标准要求，制定、落实年度专业管理工作计划，将过程资料规范管理；最后通过对专业管理成效的总结考核分析，进行改进和提升。

（二）实现方法

通过在目标计划、过程控制、总结分析各环节实现标准化管理，实现工作目标、过程、结果可控。

1. 明确岗位职责

将专业管理涉及的工作项目重新进行梳理，将每一个工作项目都落实到工作标准中，使每个人清晰地知道在专业管理中的职责和目标。

2. 梳理标准制度

结合专业管理工作,认真整理国家电网公司、省公司各项有关技术标准,纳入或引用到管理标准中,在执行标准的过程中,随时关注上级的新要求,对专业管理中所涉及的技术标准进行跟踪,保证引用的都是标准的最新有效版本,实现了各项管理要求、标准的落地。

3. 编制专业管理流程

流程是科学管理的基础,按照系统全面、上下贯通的要求,对工作过程中涉及的所有管理流程进行了明确,落实到具体的岗位,明确了各部门各岗位谁来做、做什么、什么时间做,建立了一条简洁、实用、高效的专业管理流程,管理标准内容的完整性、实时性和可操作性得到了保证。管理职责从流程中纵向提取,可有效地避免管理职责不准确和遗漏所造成的管理真空,实现了职责内容与管理内容的有机结合,也使检查与考核更具可操作性。如《县供电企业同业对标管理》标准,由制定县供电企业同业对标目标,同业对标职责任务分解,同业对标过程控制,同业对标动态考核,同业对标总结、评价及分析改进等5个工作项目组成,这5个工作项目体现了县供电企业同业对标管理的全过程,通过对这些项目的控制即可实现对结果的控制。

4. 量化指标评价体系

用指标量化工作质量,将指标向上与专业发展规划对应,向下分解建立指标体系,并将需要各部门完成的目标列入农电管理评价标准,客观全面评价各部门工作情况,变任务完成型为目标引导型,激发各部门围绕提升指标而努力工作、创新管理的积极性。

5. 专业资料5S管理

过去,查找一项资料,要逐一翻看每个档案柜、档案盒,在电脑中海选，费时、费力，效率低，并且时常找不到。通过标准化建设，对所有有用的实物资料按照专业管理项目进行分类，配以色标管理，存放于固定位置，建立了全部纸质资料统一目录，任何人按图索骥都可以迅速取出；对于电子文档，设计、建立了专业管理项目与电子目录一一对应的电子文档平台，每一部分均对应电子文档设置了链接，提高了专业文件查找效率。

三、解决问题的实践过程描述

标准体系重在建设、贵在实践，只有在指导具体工作的实践中，不断优化、完善标准体系，才能实现标准化工作的持续改进。按照上下互动的要求，在标准制定过程中，向员工传达标准化建设的理念和方法，准确划分专业管理项目，优化工作流程，实现专业管理横到边、纵到底的管理目标，管理工作由制度管理迈上了标准管理的新阶段。

以提升供电可靠率指标的标准化管理为例，以往的管理习惯一般以年初下达计划、月度统计、年度考核为手段，效果往往不明显。在推行标准化建设的过程中，公司以缩短停电时间为目标，执行标准化作业流程、强化作业过程控制，以实现提升供电可靠率。在实践中通过分析得出停送电操作时间和检修时间随意性大、可控性差是影响供电可靠率的一项直接因素，制定标准化工作流程后，可以使停送电的每一个环节都有明确的工作要求和作业标准从而提高供电可靠率。

制定标准化检修和操作流程，明确考核标准。针对以往倒闸操作和检修工作中存在的作业衔接松散等现象，公司组织运检部、调控中心、变电运维班、检修班、线路班等部门班组人员，认真梳理工作流程，对操作、作业流程中的工作准备、工作进程、人员协调等进行优化，形成典型操作和典型作业标准化流程。按照历史数据核定各项典型操作和检修作业工作时间，作为供电可靠率考核依据。

（一）建立典型操作票

根据不同变电站运行方式、检修作业要求，分类按照单一间隔停电、主变压器停电、母线停电、全站停电等编写典型操作票，缩短工作准备时间。

（二）优化停送电和检修各环节时间控制

一是优化调度指挥。对停送电操作，运行操作人员应提前一天和调度员核对工作任务，按典型操作票提前准备所需操作票，竣工送电前 1 小时和调度员沟通准备送电操作票。

二是提前准备检修作业。工作过程中应互相协调，大型检修作业由公司提前组织召开协调会，进行现场勘察优化工作方案，提前做好各种准备工作，竣工前 2 小时检修班组应同调度班、操作班沟通，通知运行人员提前到现场准备验收及送电相关工作。

三是优化操作配合。运行操作人员应根据工作任务，提前和调度员及工作负责人沟通，按照工作票内容准备相关工器具、接地线等，并做好人员分工，一经调度下令即可开始操作，竣工前应提前到达现场做好相关送电准备。

按照以上流程，通过对作业时间的标准化控制，即可使工作衔接配合高效，达到缩短停电时间的目的。

（三）建立分析改进机制

标准化工作流程、操作流程、作业时间、沟通协调机制等应根据实际情况不断修订，以达到既保证工作安全高效，又有激励作用的效果。

通过对提升供电可靠率指标的标准化管理，使指标管理由过去单一部门专责管理，发展为多部门协调、全过程控制、精益化管控，使工作流程更顺畅，指标提升幅度明显。

四、对实践过程的思考和对效果的评价

标准化建设就是对企业从散乱管理发展成有序管理所做的

努力，它贯穿于现代企业生产、技术和管理活动的全过程。在标准化建设工作中，员工感受着标准化带来的变化，争议少了，效率高了，员工不再是被动的"要我标准"，而是真正地热爱标准，主动地去修订标准。

通过标准化建设实践，也解决了以往由于人员调整带来的工作衔接不畅等问题。特别是在"三集五大"体系建设中，不但通过机构调整实现了定员定岗，更重要的是制订了岗位标准、工作标准。通过标准化建设，新岗位主要有哪些管理项目，工作涉及哪些部门，各项工作的时间要求、质量要求、关键节点在标准中一目了然，使员工能在新的岗位上用最短的时间进入工作状态，使我们以往的工作经验得到了有效的传承和推广，每个人都可以轻松地站在前人的肩膀上，丰富自己，施展才华。

总之，标准化是提升工作质量和效率的有力抓手，建设标准化是一个学习的过程，一个创造的过程，更是一个积累并不断提高的过程，在今后的工作中，公司会继续沿着标准化的道路，开展工作，强化管理，深化标准化理念和方法的应用，让每项工作都有指标约束，都有简洁高效的管理流程，都有系统的过程资料，持续改进，不断创新，为公司的科学发展做出贡献。

专家点评

标准化管理是提高县供电企业管理水平的有效方法，文中对生产管理标准做了一些概述，值得借鉴。同时也是县供电企业今后努力的方向。

农网改造升级工程管理
存在的问题及对策

【单位简介】

　　国网太原市晋源区供电公司成立于2008年8月，担负着晋源区288平方千米的供电任务。公司共管辖10千伏开闭所1座；10千伏配电线路50条，660千米；10千伏配电变压器1424台，总容量381.34兆伏安。荣获2011年度山西省电力公司电网先锋党支部荣誉称号。

【案例摘要】

　　确保电网升级改造工程质量，对提高电网装备水平，保障优质可靠的能源供应，促进地方经济发展尤为重要，因此要把控重点环节，加强工程的全过程管控，在前期勘测、设计、施工、监理、审计、决算等环节中都要加强标准化管理，推广新材料、新设备、新技术的应用，推进农网改造升级工程高标准顺利实施。

姓名　杨保华

单位及职务　国网太原市晋源区供电公司副经理

一、具体问题描述

省公司在对晋源区农网改造升级工程进行预验收时，发现在工程管理方面存在一些问题：国网太原市晋源区供电公司作为项目管理单位，对于农网改造工程的认识不足；农网改造的相关标准欠缺掌握；在工程前期，公司与设计部门沟通较少，导致在工程前期设计时出现的问题没有得到及时解决；工程结束后，在验收、日常运维管理等环节都存在监管不到位的情况，整个工作没有形成闭环管理；向地方政府汇报不及时，导致在施工过程中出现村民阻挠施工的现象；与设计、监理、施工、发策、物资、财务、农电等部门的沟通不畅，造成工程完工后资料的收集、归档不完整。

二、解决问题的思路和方法

农村电网改造升级工程围绕"安全可靠、技术适用、减少维护"的原则，重点解决农村电网变电站布点不足、网架单薄、供电不可靠、低电压、供电"卡脖子"、低压公用配电变压器台区三相负载不平衡、供电半径过长、导线截面小，变压器不在负荷中心等突出问题。农网升级改造工程具有点多、面广，工程量大，时间要求紧，工程分散的特点，农网升级改造工程绝大多数为户外作业，考虑到恶劣天气对施工的不利影响，有效施工时间会更短。

为解决这些问题，应从项目的前期计划、可研批复、投资计划、设计招标、设备招标、施工招标、监理招标、施工组织、投运、施工资料、概算执行、资金支付、工程决算等方面做好农网改造升级工程。一是要全面加强质量管理；二是要继续推广典型设计的应用，进一步扩大典型设计推广应用范围；三是加强工程前期设计的深度；四是规范工程档案、资料的管理；五是要抢抓机遇，提高认识，不断打造新型农村电网。

三、解决问题的实践过程描述

（一）管理方面

（1）组织开展相关政策、规程、标准、工艺的宣贯学习，确保参与工程的部门人员切实了解农网改造升级的政策和工程工艺。

（2）对工程管理及参与工程建设人员开展业务技能培训，提高人员素质。重点加强项目管理人员对于项目管理全过程的业务知识培训，提高管理人员对新知识、新技术的应用，要求设计人员吃透国网标准化线路、台区规范，监理人员严格按照标准化实施现场监理，组织项目档案管理人员进行档案管理的相关知识培训，做好原始资料、图纸、台账、报告的归档。

（3）农网改造升级工程应强化施工安全管理，确保施工安全。严格落实"三个百分之百"要求，把好资质审查关，重点把控施工人员的安规培训和教育管理，岗前培训合格后，持证上岗。

实施目标管理，严格执行到岗到位制，重点抓好施工现场安全管理，有效防范各类安全事故风险，保障施工人员人身安全。

成立项目安全管理网，分析电网、设备和生产环境中可能存在的隐患、缺陷，细化危险点分析与预控工作，完善三措一案，安排专人进行过程管控和现场监护，制定风险及其控制措施，强化作业现场危险点控制，有效管理和监督检查施工现场安全工作。

重视工程质量检查和验收，组织施工人员到标准化台区现场进行工程工艺的现场学习，提高改造工程质量。建立中间检查机制，确保工程各项工作落到实处。提前做好停送电安排，确保工程如期保质完成。

（4）工程建设要保密，特别是线路走向、杆基埋点等，应做好保密工作。

（二）技术方面

（1）加强工程前期设计的深度，严格工程项目管理，遵循先规划、后设计、再施工的原则，按照相关技术标准，完善质量保障体系。

（2）结合工作实际，坚持技术进步，坚持改造与新建并进的原则，建立质量保证体系和监督体系，应用和推广农网工程典型设计，优化设计方案。

（3）选择线路走廊过程中，主动避让特殊保护地区，尽量避开村庄房屋、厂房、大棚密集区等敏感地区，减少对农田、建筑物、种植物的损坏，节约土地资源。

（4）按照文件归档的相关要求，做好合同、档案的归档工作。整理材料的进库、出库、领用、结存等管理，健全各种统计台账和单据，监控设备材料的使用和结存情况，防止材料的流失，对折旧物资登记造册，及时回收。成立工程物资验收小组，对采购的设备材料的质量进行检查验收，确保设备材料符合设计的技术要求和质量标准。

工程实施完工后，应按照资料整理归档要求，组织现场进行材料清点、核对正确后，向财务、工程主管部门提供工程所有用料清单。

（5）保持与当地政府管理部门的联系，及时掌握政府部门的规划需求，力求做到电网建设和政府部门规划同步，为项目的顺利实施打造良好的外部环境。

确定网改方案前，应提前与村干部、村民代表沟通，重视农村乡俗，尊重风俗，避免出现纠纷，充分维护农民利益。

开展舆论引导，让社会、政府、农民了解当前的电力形势、电网运行状况，召开座谈会，征集农网改造建议，提高他们对工程实施重要性和必要性的认同，争取他们的理解和支持。

优先安排积极配合的乡、村进行电网改造。

四、对实践过程的思考和对效果的评价

农网改造升级工程是加快转变经济发展方式、保障和改善民生、统筹城乡发展的重大决策，是强农惠农的重要德政工程。通过对农网进行全面改造和升级，着重解决农村低电压、设备老化、过负荷、农业生产用电等突出问题，满足农村生产用电需求。通过对公司农网改造升级工程的整改，进一步理顺了工程管理流程，明确职责，对未完成的整改问题，我们集中力量、集中时间，保质保量完成了整改工作，同时也总结了得失，为今后优质完成农网改造升级工程打下良好的基础。

专家点评

该案例能认真分析农网改造升级工程存在的一些普遍问题，并提出很好的解决思路，值得借鉴。

加大青赔工作力度　提高网改工程进度

【单位简介】

　　国网浑源县供电公司成立于 1972 年，担负着浑源县 18 个乡镇 36 万人的生产生活供电任务。管辖 35 千伏变电站 6 座，变电容量 90.6 兆伏安；35 千伏输电线路 9 条，120.12 千米；10 千伏电力线路 43 条，1221.66 千米；配电变压器 626 台，57.38 兆伏安；箱式变压器 15 座，5.51 兆伏安。年最大负荷 5.7 万千瓦，年售电量 1.8 亿千瓦时。2010 年被山西省电力公司评选为省级一流县级供电企业。

【案例摘要】

　　电网改造是一项德政工程、民心工程，影响工程进度的一个关键环节就是青赔占地补偿工作。随着老百姓经济意识、法制意识的不断提高，在网改工程施工中所遇到的阻力和障碍大都与青赔协调工作有关。如何有效推进青赔协调工作，确保工程项目顺利实施，成为工程建设管理者最为棘手的一道难题。

姓名　禹泽

单位及职务　国网浑源县供电公司副经理

一、具体问题描述

从 2010 年国家农网升级改造工程实施以来,浑源电网结构和供电能力显著增强,电能质量和服务水平明显改善,促进了浑源农村经济发展,为农民脱贫致富创造了条件,构筑了经济、优质、安全的新型农村供电体系。但在农网工程实施过程中,也遇到过一些问题和困难,主要体现在占地补偿问题方面。随着其他行业占地青赔标准的提高,网改工程占地费用也水涨船高,村民因费用问题阻拦施工时有发生,使通道清理困难,增加了施工费用,造成工期延误。

二、解决问题的思路和方法

(一)坚持电网规划、科学发展

电网规划、科学发展是新一轮农网改造的重中之重,工程项目必须既符合国网公司确定的改造重点,又符合地方经济发展的实际需求。对立项工程应进行实地勘测,优先考虑工程占地与地方市政规划是否相符,工程占地将面临的主要困难等问题,确保工程具备可实施性。

(二)充分依靠政府,积极营造良好的外部环境

新一轮农网改造工程政治责任强、投资规模大、工期要求紧,工程实施过程必须紧紧依靠当地政府的支持与指导。公司通过大力造势、主动出击,促成浑源县政府与市公司签订了共同推进电网建设的框架协议。同时加大田间地头的宣传力度,利用电视、报纸、网络等工具,向社会各界广泛宣传网改的重要意义和目的,努力营造电网建设的浓厚氛围,引导全体员工和全县重视农网工程建设。让人民群众知道电网建设是一项民心工程、德政工程,努力营造良好的社会环境。

(三)抓住主要矛盾,相应采取手段

网改工程青赔占地涉及老百姓切身利益,必须提前判别清楚涉及的是老百姓的根本利益还是经济利益。例如在临街住户房前安放箱式变压器，将直接影响房屋采光和临街开门面，影响其以后生活，这就是老百姓的根本利益。这种问题协调难度相当大，在工程可研时就应予以考虑，前期必须做好相应沟通协调。如果在老百姓庄稼地新立电杆，对老百姓的经济收益有影响，这就是老百姓的经济利益。这种问题只要大量细致的工作，一般都会圆满解决。

三、解决问题的实践过程描述

（一）加强领导，做好网改宣传造势

为了营造浓厚的网改宣传氛围，首先与当地媒体合作，通过广播、电视、发放资料等方式开展网改宣传工作，使群众认识网改工程的重要性和必要性；其次与政府部门沟通，做好当地经济发展与电网整改的协调性和互助性；第三通过供电所员工，利用抢修、收费时机对村民进行宣传，做到家喻户晓、老孺兼知。让村民从中看到变化，感到实惠，有效解决施工占地赔偿问题。

（二）理清思路，取得地方政府层层支持

第一，采用向县政府汇报工作的形式，将网改"工程审批文件"和网改工程概况等资料呈报给县政府和相关职能局，取得县政府和相关部门的鼎力支持。

第二，按照设计要求开展网改路径认证，在无原则差错的前提下，分别归纳梳理数据，对线路所涉及的乡镇分别写出报告，送报乡镇，同时汇报工程情况。

第三，结合网改工程汇总"工程路径调查"、"工程涉及乡村"定位和情况了解表，与当地村委主要领导和所涉征地农户一起对路基逐一印证；印证的同时，要求村委领导签字并加盖公章，农户签名并盖手印。

第四，要把工程概况，建设意义、目的及县级拟定的赔付文件，在乡村讲解到位，让大家明确工程赔付程序和赔付标准。

（三）订立施工协调原则，找准青赔工作的基础点

由于网改点多面广，工作量大，实施中涉及青苗补偿问题特别复杂。青赔工作虽然政府支持、部门配合，但他们都是间接的层面，真正的支持、配合点是相关的村两委。因为他们是政府下设在百姓面前的基层组织，又是土生土长的干部，和当地群众是手足关系。所以，随时与相关村领导取得联系沟通，是青赔工作的基础点。近年来，由于高速路工程建设，青赔标准不统一，随意性大，青赔标准高，给网改工程造成阻力，致使农民索赔要求超标准。如在实施 10 千伏王洋线时，王庄堡村民贾××，每个杆坑青赔要价高达 1500 元，致使施工中断，后经公司领导、镇领导与村委负责人、村民代表及贾××进行了面对面的协调，将栽一根杆的费用基本控制在 300 元左右。不仅降低了成本，也有效保障了农网改造工程顺利实施。

（四）遵循换位思考原则，正视青赔工作中的"困难户"

为了确实做好青赔工作，要求各协调组成员每到一个施工点，碰到青赔问题，都要换位思考，正视"困难户"的实际困难，无论大到几棵树，小到几株苗，赔偿工作都要认认真真、仔仔细细，直到让村民满意为止。

有一次在青苗赔偿过程中，遭遇到"困难户"村民的强硬阻工，虽然乡镇、村委多次进行沟通与协调，但均无法达成共识。为了保障工程顺利进行，协调组人员详细分析了解了村民阻碍施工的原因。由于施工区域处于林木带，人员进出和施工器械都会不同程度地对林木造成伤害，再加上该村民前不久庭院失火，房屋全烧，生活困难，所以要求我们对非经济树木按经济树木赔偿。为了能解决该问题，协调人员连续几天深入其家拜访，深入现场察看，对损害致死的树木按规定赔偿，对损伤的树木给予一定的补偿，并与村民签订承诺书，施工人员在施工过程中，各类工器具需做好防护措施才可进场，从而保障树木安全，最后

结合赔偿政策及相关标准，终于和该村民达成赔偿协议，保障了施工顺利进行。

（五）把握政策底线，掌握青赔工作的"主动权"

具体主要从两个方面入手：在素质方面，要求协调人员对国家颁布实施的《国土管理法》、《森林法》、《电力法》、《赔偿法》、《环境保护法》、《社会治安管理条例》等非常熟悉，且懂得在协调中灵活运用，以便在与政府、村民协调中把握主动。在业务水平方面，要求协调员将赔付事宜视为家庭开支，视公事为己事，时刻保持头脑清醒，把握住自己的工作情绪，使自己时刻处在化解矛盾的位置上，不要激化矛盾，使矛盾扩大化和复杂化，从而失去工作的主动权。

四、对实践过程的思考和对效果的评价

通过四年网改工程实施，浑源电网 10 千伏线路故障掉闸率同比降低 22%，售电量从 2009 年的 1.37 亿千瓦时增加到 2013 年的 1.65 亿千瓦时，电压合格率由 2009 年的 98.45% 增加到 2013 年的 98.95%，供电可靠率由 2009 年的 99.54% 增加到 2013 年的 99.87%。电网技术装备水平的提升，主要受益者是广大老百姓。农网改造升级工程的顺利实施，与广大老百姓密切配合青赔占地息息相关，这也是青赔占地协调工作的直接反馈。所有工程均按照进度时间节点高质量竣工，未发生一起老百姓因占地补偿投诉举报事件，农网改造工程圆满取得预期效果。

专家点评

青赔是农网改造工程的瓶颈，既要保证工程顺利实施，又要确保百姓的合法权益得到保护，方法得当可以事半功倍。

农网输配电设备在线监测
问题解决方案

【单位简介】

国网荫营县供电公司成立于 1987 年 1 月，担负着阳泉市郊区 7 个乡镇及平定县、盂县和寿阳县部分乡村共 196 个行政村、57766 户居民的生活用电和 6904 户非居民用户的生产、经营用电任务。管辖 35 千伏变电站 5 座，主变压器 10 台，总容量 91.2 兆伏安；配电变压器 433 台，总容量 82.35 兆伏安。根据电压等级划分，营业区内 10 千伏及以上供电线路共 79 条 763.3 千米，0.4 千伏配电线路 1968 千米。2013 年被国家电网公司评选为一流县级供电企业。

【案例摘要】

农网点多面广，供电半径大，输配电设备在线运行监测方面，仍停留在对变电站主设备的监测层面，急需在智能化、信息化监测管理方面取得提高。公司分层级组织了研讨和交流，从应用需求、方案设计、系统建设、应用方式等方面进行充分论证，成立了"农网输配电设备智能在线监测管理系统"工作组，组织技术攻关和系统建设，并与软件系统开发单位及相关设备生产厂商进行联系，联合开发攻关，最终解决了农网输配电设备在线监测问题。

姓名　石文忠

单位及职务　国网荫营县供电公司副经理

一、具体问题描述

农村配电网受投资体制、管理体制影响,发展缓慢,技术装备落后,供电能力不强,在一定程度上制约着县域经济发展。主要表现在以下几个方面:

一是总体投入不足,供电能力不强。由于历史欠账多,发展速度、发展质量与城网和主网相比还有较大差距,网架薄弱,电源点少,电网互带能力差,装备技术水平较低;农村配电网点多面广,设备陈旧老化,健康水平低,抵御自然灾害能力较差,设备故障率高;供电半径大,设备"卡脖子"问题普遍存在,供电质量差、线路损耗高,可靠性和电压合格率低。

二是农村配电网设备运行管理水平不高,现有电网资源和管理资源没有发挥最大化效益。农村配电网点多面广,技术装备水平和管理方法落后,目前仍停留在传统的粗放式管理水平上,精益化管理水平不高,信息化建设相对滞后,在输配电设备在线运行监控方面,仍停留在对变电站主设备的监控层面,各级农电管理人员对配电变压器的电压、电流、有功、无功、电压越限、过负荷、三相不平衡等运行信息难以实时掌握。同时电压合格率、负载率、供电可靠率、线损率等指标无法及时计算和分析,制约了农村配电网运行管理水平的有效提高。而大量的输配电线路,尤其是配电变压器运行监控缺乏有效的解决办法。

三是长期以来,电网企业的调度、配电、营销等专业之间的专业壁垒较为严重,各专业现有信息化平台孤岛运行,一体化信息平台的建设和应用滞后,不能实现信息资源共享,造成大量信息资源浪费,不能有效提高运行管理水平、管理效率较低。随着农村配电网规模的逐步扩大、电网结构的日益复杂,以及全社会对电网企业的供电服务提出越来越高的要求,这一矛盾愈显突出,急需在智能化、信息化监测管理方面取得提高。

二、解决问题的思路和方法

（一）思路

以农网线路和配电变压器监测为主要切入点，以实现农网线路、配电变压器及用户信息在线监测和智能统计分析为目标，以多系统集成和信息共享为数据支撑，建设农网输配电设备智能监测与综合管理信息平台。

基于不同层面的应用需求，通过告警信息展示、配电变压器运行数据多方位分析等方式，实现管理人员及时掌握农网的运行状况，运行技术人员可对农网线路和配电变压器的运行指标进行针对性分析，有效提高农网管理水平。

（二）方法

1．信息集成与共享

实现对营销数据的有机集成和共享，为农网设备运行状况的监测提供可靠的数据支撑。

2．实现农网设备在线监测

通过安装新型线路故障指示器、温升监测装置、无弧有载调压及自动无功补偿配电变压器，实现对农网线路故障、配电变压器状态的在线检测。

3．提高供电可靠性

通过系统对配电变压器的监测、预警以及综合分析，对可能发生的事故提前做出防范措施，变被动为主动，有效提高供电可靠性。

4．提高分析决策能力

通过对农网设备运行状态的综合分析，为农网设备的大修、技术改造提供可靠的依据，实现企业的精益化管理。

三、解决问题的实践过程描述

为实现农网输配电设备在线运行监测，公司分层级组织了研讨和交流，从应用需求、方案设计、系统建设、应用方式等方面进行充分论证，成立了"农网输配电设备智能在线监测管理系统"工作组，组织技术攻关和系统建设，并与软件系统开发单位及相关设备生产厂商进行联系，联合开发攻关。

（一）设备选择与定位

系统采用了层级化设计思想，根据使用人员的权限，按管辖区域、变电站、线路、配电变压器、用户的层级关系，快速掌握选定关注范围内的设备信息、设备运行情况以及运行指标的统计分析。可通过电网地理图、设备导航、自定义选择 3 种方式选择设备，具有快速、灵活的特点。

（二）设备的实时告警与统计分析

通过选择不同的时段，管理人员可实时了解管辖范围内的线路故障、配电变压器电压、温升、负荷率等实时类越限告警信息以及调压动作、设备自检等动作类告警信息；通过软件的统计、排序分析，可在若干线路和配电变压器中定位需要关注的线路或配电变压器等设备。为管理层、决策层及时掌握最新的农网设备运行情况，快速选定问题单位、问题设备，提供可靠的技术手段。

（三）线路运行状态的在线监测

应用具有通信功能的线路故障监测装置，可实时监测线路接地、短路故障信息，通过主站软件分析定位故障区域，减少线路工作人员故障巡线时间，提高线路工作人员的工作效率。

通过智能在线监测图，可有效展示线路的运行工况。在监测图上可以看到线路及配电变压器的电压、电流信息，当变压器上电压、电流异常时会发生闪烁报警，故障指示器动作时对应线路也会发生闪烁报警。

配电变压器运行状态综合分析：

（1）台区负荷测试记录。基于供电所台区负荷测试记录模板，可展示一条线路上所有配电变压器在早、中或晚高峰时的三相电流、电压数据以及配电变压器的负载率、三相不平衡、功率因数等数据。

（2）配电变压器指标对比分析。对指定范围内多台配电变压器运行指标进行统计对比，具体包括各相电压合格率、平均功率因数、当前功率因数、负载率、三相不平衡度。

（3）温升分析。对安装温升监测装置的重负荷配电变压器，系统能采集变压器各相温度和环境温度，温度信息每隔 10 分钟传输一次。当温度超过设定阀值时，给出报警信息。

（4）单台配电变压器运行数据。系统可针对一台配电变压器，详细分析其在某个时间点的电压、电流、有功、无功等实时数据和相关信息（图 2 为三相曲线图）。

图 1

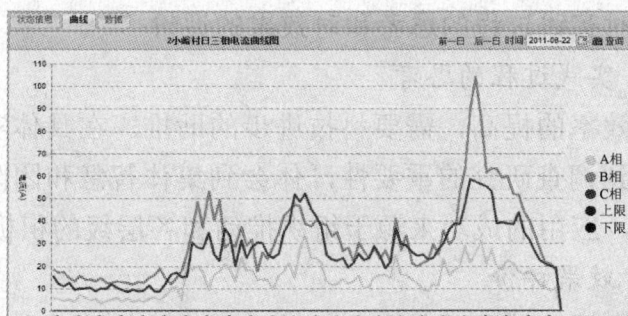

图 2

133

（5）自动无弧有载调压的新技术应用。对于电网中负荷波动大的配电变压器，安装具有新型专利技术的无弧有载调压设备；对于电网中无功少的配电变压器，安装自动无功补偿设备。设备动作后通过 GPRS 通信将动作信息传回监测主站。无弧有载调压设备可单相调压，也可多相同时调压，调压方式有自动和手动两种方式。

（6）监测装置自检功能。运行于线路上的故障指示器、测温装置、有载调压装置等硬件设备能定时将自检信息传回主站，管理人员可及时掌握监测装置的正常与否，提高了设备监测的可靠性。

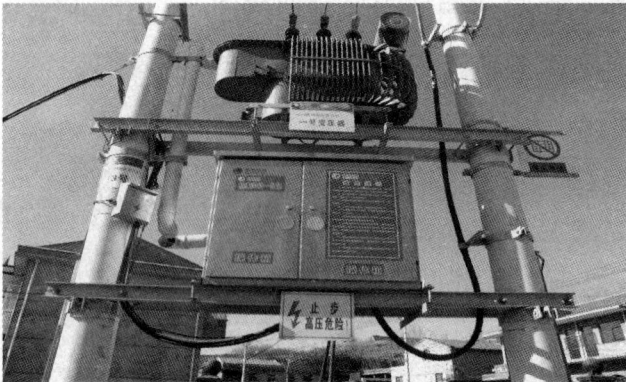

图 3

四、对实践过程的思考和对效果的评价

（一）实践过程的思考

生产效率的提高，需要科技进步的助推。在具体实践中，深刻体会到调查研究的重要性，体会到集体智慧和团队协作的强大力量，应用的成功来源于组织推动和各层级的积极参与。

（二）效果评价

系统在国网荫营县供电公司试运行成功的基础上，又在国网阳泉供电公司投入实用化运行，取得良好效果，通过了国网山西省电力公司和省科技厅的评审鉴定，项目整体达到国内领先水平。

项目应用前缺少面向农网管理的统一信息平台，各业务系统相互独立，系统之间信息互通困难，资源共享程度低，不能对农网的运行分析提供可靠的数据支持。项目应用后拥有了服务于农网的统一信息平台，对各业务系统进行有机集成和共享，为农网的运行分析提供可靠的数据支持。

项目应用前线路运行人员故障巡线时间长效率低，部分台区电压波动大，项目应用后解决了试点线路故障巡线效率低下的问题，解决了试点台区电压合格率低的问题。

项目应用前对农网设备的运行状况无法清晰地了解，不能及时掌握设备存在的问题和隐患，工作效率低，运行管理手段落后。项目应用后通过系统的告警分析、在线监测分析和配电变压器运行综合分析，可及时发现有问题的设备，并主动采取防范措施，有效提高供电可靠性和优质服务水平，工作效率明显提升。

项目应用前农电管理人员依据日常巡视、检查、历史记录和维护经验等提出农网设备的管理和改造计划，工作量大、科学性差，难以满足现场实际需求。项目应用后通过系统的监测、告警和设备运行综合分析，为领导决策层对农网设备的大修、技改提供了科学的依据。

专家点评

农网输配电设备在线监测是利用科技手段提高工作效率，降低劳动强度的有效手段。该案例具体问题描述编写规范，解决问题的思路和方法对路，有可借鉴之处。

建立县供电公司
农电人员日常化培训机制

【单位简介】

国网阳城县供电公司担负着全县 110608 用电户的供电管理工作。辖区内有 110 千伏变电站 2 座；35 千伏变电站 14 座；10 千伏开闭所 2 座；35 千伏线路 25 条，203.97 千米；10 千伏线路 71 条，1203.91 千米；10 千伏配电变压器 904 台；低压线路 1489.71 千米。2010 年被国家电网公司评选为一流县级供电企业。

姓名　吴君丰

单位及职务　国网阳城县供电公司主任工程师

【案例摘要】

国网阳城县供电公司不断加强供电所建设管理，强化农电人员培训，健全培训组织体系，提升全员技能水平，推动培训良性循环，重视职业技能竞赛，为人才展现搭建舞台，实行"一人多专、一岗多能"，为供电所安全生产基础、精益化管理能力、供电服务水平和队伍整体素质的提高提供有力的人才保障，为树立公司品牌形象、服务地方经济和推动公司发展做出了积极努力，并取得了良好成效。

一、具体问题描述

国网阳城县供电公司于 2001 年 6 月始筹建供电所,人员主要由原电管站人员和部分农村电工组成。供电所成立之初,共有员工 272 人,农村协管员 429 人。在"三集五大"新体制下,农电管理岗位定员减少到 213 人,面对不断增长的全县配电网的管理工作,任务之大、困难之多,将面临空前的挑战,也给农电管理者提出了崭新的课题。

目前,公司供电所人员老龄化问题严重,50 岁以上占总人数的 9%,40 至 50 岁占总人数的 60.6%。面对运维、检修、优质服务、降损、收费、社会公益服务、电网建设及协调等大量工作,在落实时缺乏人力资源,工作中经常出现顾此失彼的问题。

二、解决问题的主要思路和具体做法

人员少、任务多的矛盾如何解决,只有把人员变为人才,才能"一人多专、一岗多能"。为此,国网阳城县供电公司把加强技能人才培训作为人才培养的重点工作,主要思路为:加强领导,健全培训组织体系;强化培训,提升全员技能水平;严格考核,推动培训良性循环。同时,既要制定合理的整体人才培训计划,也要结合具体工作实际搞好实用工作的日常化培训,积极组织和参加各种职业技能竞赛,为人才充分展现搭建舞台。

具体做法包括:

(一)强化领导,健全培训组织体系

从组织体系、财务经费、培训教育场地三方面进行保障,建立健全制度和机构。在组织体系方面,建立了县公司、科室及供电所三级培训网络,由劳资人员专门负责培训管理工作,指定了各专业技术人员为兼职授课教师,做到了横向到边、纵向到底,形成一个完善的组织管理体系,为做好农电人才技能

培训教育工作提供了可靠的组织保障。在财务经费方面，县公司农电培训经费预决算均有部门主任负责编制，分管领导负责审批，确保培训经费不挪作他用，使每一笔培训经费都能得到合理的使用。近年来，公司全年聘请培训教师16人次，配备《农村供电所人员上岗培训库》、《维修电工技术问答》、《供电所人员应知应会必读》等多种培训教材。在培训教育场地方面，公司建成了凤城、西河两个培训室，培训室配备了电脑、室外训练场、室内操作间等，室外训练场有标准化变台（包括从跌落保险、变压器、综合配电箱）安装，架空线路安装，拉线、接户线电缆及表箱安装等，全面具备理论和实操培训功能，为农电人才的培养提供了有力保障。

（二）强化培训，提升全员技能水平

近年来，由省、市公司安排的技能、专业培训较为密集，公司充分利用这一资源，由劳资人员专门负责，有计划、有步骤地选送各类专业人员积极参加上级单位举办的各类农电业务提升培训班。县乡镇供电所根据人员岗位及工作日程，合理组织安排供电所人员参加各种技能等级、业务培训，包括"供电所标准化台账及CAD制图"、"供电所专项业务"、"低压配电线路抢修、运行与维护"、"红外测温仪"、"农网标准化作业"、"供电所专项业务提升"、"技师、高级工和中级工技能等级培训"、"服务形象提升"、"供电所业务宣传专题"等，全年累计培训达198人/次，有效提升了全体农电人员业务技能水平。

（三）严格考核，推动培训良性循环

对参加省、市、县各级组织培训的人员进行全程跟踪，建立人才培训档案，要求每位培训人员在培训结束后上报培训日志，并抽查培训笔记。对考试中成绩优异的给予奖励，对于不合格的人员进行批评教育，纳入绩效考核。与此同时，县公司对各供电所的人才培训情况进行综合考核，各供电所对员工的培训情况结合日常现场检验的效果进行考核，对培训不合格人员扣罚绩效奖，并重新培训，直到考试合格后方能再次上岗。截至目前，县公司全体农电工中技师达 55 人，占总人数的 25.82%；高级工 85 人，占总人数的 39.90%；中、初级工为 73 人，人才素质已基本满足了当前工作的需要。为不断适应社会经济发展、电网设备更新的需要，按照培训计划，未来 3 年内应通过培训使农电工技师达到 37.55%，高级工达到 61.03%。

（四）重视职业技能竞赛，为人才展现搭建舞台

作为选拔、发现、培养人才的途径之一，职业技能竞赛通过先培训后竞赛、先调考后竞赛的方式，为每位农电员工提供同台竞技的机会。公司先后聘请本单位技术能手作为兼职讲师，对 30 名青年员工进行培训；多次聘请其他专业技术能手作为兼职讲师，分批对青年员工进行培训，使得农电青年员工的职业技术水平得到了有效提高。尤其在省公司配电运检、营销服务比武中，蔡向东获得个人运检全能第四名，李军获得理论知识第二名、低压电器安装第四名的好成绩。

三、对实践效果的评价

目前，国网阳城县供电公司农电人才建设工作仍在继续，但也面临着一些问题。首先，人才建设不可能一蹴而就，仍需要持续抓；其次，要想把农电人才培训成"一人多专、一岗多能"，还需今后乃至更长一段时间从上至下配合继续强化培训。只有把农电人才建设放在突出位置，重视农电技能人才的建设，从组织体系、财务经费、培训教育场地上达到保障，建立健全制度和机构，才能卓有成效。下一步，公司计划对农电人员进行多专业培训，如运维人员和营销专业也适当进行交叉培训等，坚持以人为本的教育培训指导思想，在培养人才总体规划中有针对性地滚动推进，真正把低技能人员培养成高技能人才，把少技能人才培养成多技能人才，有效实现在人少事

多的情况下发挥人才优势，高效地为供电企业的生产经营工作服务。

专家点评

农电培训是一项艰巨而长期的工作，能踏实地从各个环节入手做好工作，实属不易，值得借鉴。

综合管理

县供电公司生产职能整合
实施方案探讨

【单位简介】

国网隰县供电公司成立于1974年，担负着临汾西山3县（隰县、大宁、永和）电网运维及隰县境内工农业生产和近3万户居民生活供电任务。管辖35千伏变电站6座，主变压器12台，总容量74.6兆伏安，35千伏线路8条，长度143千米，10千伏公用线路16条，长度600千米，公用配电变压器330余台，容量22兆伏安，供电户数28000余户，最大供电负荷26兆瓦，年供电量9000万千瓦时。2012年被山西省电力公司评选为一流县级供电企业。

【案例摘要】

社会发展进步对电力安全运行和电力供应提出了更高要求。加强自身安全和提升管理是行之有效的必然手段，在结合实际状况的基础上，国网隰县供电公司创新地提出并实践了小区域性的电网安全生产运行模式，有效解决了长期以来困扰边远县供电公司面临的人员、设备、技术等方面的难题，丢掉包袱，轻装上阵，实现共赢。

姓名　樊文俊

单位及职务　国网隰县供电公司副经理

近年来，国网临汾供电公司结合西山区域 4 县（隰县、吉县、大宁、永和）生产机构设置、人员情况和电网现状，有针对性地开展了隰县、大宁、永和 3 县生产职能优化整合工作，解决长期以来各单位结构性缺员、人员技能水平较低和安全运行维护不到位的突出问题，实现了集约化、精细化、专业化和规范化管理。公司根据实地调研结果，出台了针对性的实施方案，遵循"主体不变，优化职能，系统思考，模块管理"的思路，将大宁、永和两个供电公司营业区内的生产、95598 客服职能移交隰县供电公司统一管理。财务、计量、物资职能上移集中管理，为全面推行集约化管理积累经验、奠定了基础。

一、具体问题描述

隰县、大宁、永和 3 县地处临汾西北部，面积近 4000 平方千米，地界互相毗邻，电网结构相对薄弱，经济较为落后，用电负荷较小，业务量小而众，属于小公司范围。长期受业务量小影响，人员配置较少，且有老化倾向，电力生产运行管理工作开展经常受到制约，生产管理工作举步维艰。另外，隰县境内的一座 110 千伏变电站负担 3 县所有负荷，运行管理部门为专业工区，距离远、路况差等交通问题带来的电网设备运行问题也较多。生产职能整合前电网运行管理就处在极为窘迫的境地，大面积停电、设备故障处理不及时等问题时有发生，严重影响当地居民生产生活用电和电力企业良好形象。

国网隰县供电公司 35 千伏设备维护工作量为 4 站 2 线，大宁、永和公司设备维护工作量各为 1 站 1 线，且两县维护的 35 千伏线路跨越县界，运行维护、协调难度较大，各个变电站季节性试验业务需由兄弟单位支援，生产成本增加，缺陷发现和处理的及时性难以保证，生产管理环节的流程不顺畅。由于人力配备不足，3 个公司均有一人兼任多个角色，分工不明确，工作管理质量低，同时兼有严重的混岗现象。共性问题的出现，

引起市级公司的高度关注，经充分调研，集思广益，创造性地
提出并实施区域范围内的生产职能整合方案，经过几年的运行
实践检验，方案可行，很大程度上缓解并消除了长期以来积聚
的突出问题。

二、解决问题的方法和思路

上述问题的存在，制约着公司的整体发展和精益化管理，
整合方案以着重解决人员短缺为突破口，转移部分设备的运维
责任，实施集中管理，同时保证大宁县、永和县供电公司的主
体资格、主营业务不受影响，这样既能精简机构设置，又剥离
相关人员充实到其他班组，为其他班组增加了实力，能更好地
开展工作。隰县供电公司人员的补充调整，得益于 110 千伏隰
县站及线路运维权限下放，原运维人员共 10 人划归隰县供电公
司，增加了 35 千伏及以上电压等级设备运维的力量，专业化管
理有了保证，提升了管理质量。大宁县、永和县供电公司移交
形成的业务增加值均不超过隰县供电公司原有业务量的 20%，
隰县供电公司完全能够接纳胜任。经过对隰县供电公司生产调
度软硬件设施的改造，纳入新增业务，统一整合到隰县供电公
司，实现对 3 县区域内的 35 千伏变电站、35 千伏线路的集中监
控、运行维护，大宁县、永和县供电公司撤销相应生产部门，
将人员充实到农电和营销部门，统筹解决普遍性的人员结构
性短缺问题。人员、设备整合到位，可以明确人员职责，加
大技术培训有的放矢，检测仪器仪表的配置和使用以保证运
维工作的质量，提高电网运行和供电可靠性。

三、实践过程的描述

三县供电公司生产专业职能调整优化后，隰县供电公司职
能部门机构设置为 3 科 1 室，安全生产科下设调度班、巡检班、
修试班、线路班 4 个班组，原冗余机构撤销。大宁县、永和县
供电公司职能部门机构设置相同，均为两科一室，原机构撤销，

原担任生产任务人员充实到其他部门。

安全管理设安全专责，安全专责由行政正职直接管理，负责安全日常管理、工作现场的安全监督、把关及开展各种专项安全活动。

大宁县、永和县供电公司负责各县域内 10 千伏出线线路的运行、维护、检修工作，与变电设备的维护界限按公司要求予以明确。

遇有设备检修、电网改造、限电管理工作、引起停电时建立业务联系人制度，业务联系人由双方明确，并经过上级单位资格认证及备案，履行各自承担的责任。属地电网的规划工作由国网隰县供电公司牵头组织，听取各方意见，形成可行方案后由国网隰县供电公司上报管理。

日常业务的联系建立顺畅的沟通渠道，业务联系界面清晰，联系部门为国网隰县供电公司调度班，主要涉及 10 千伏线路的计划、事故检修等工作，申请单、工作票通过远程传递，经双方确认后完成停电、许可、作业、送电流程；大宁县、永和县供电公司的 10 千伏线路相关停送电联系人、工作票签发人，均由临汾供电公司统一考试认定备案，并以红头文件形式下发。

二次专业管理主要以国网隰县供电公司为主负责，在实行生产职能整合后，该部分业务与其他两公司联系较弱，国网隰县供电公司负责本辖区各变电站（包括永和、大宁变电站）通信设备巡视、运行维护、春检测试、故障处理、光缆巡视检修、信息 MIS 等工作。国网大宁县供电公司、国网永和县供电公司负责本公司内通信设备（路由器、可视会议、交换机、光端机、信息 MIS、PCM、开关电源等）运行维护检修等工作。

四、实践效果评价

区域业务优化整合运转 5 年多来，没有因业务量的增加而降低运行和标准，没有发生维护不到位、安全问题，运转正常。生产管理职能的优化，人力资源配置优化，形成合力，从根本上保证了设备及电网的可靠性，责任更加明确，运维管理更加到位，专业化管理步入正轨。其他两县剥离了部分职能，主体资格不受影响，分离出来的人员充实到其他专业中，增强了工作实力，规范化、标准化管理有了强有力的人员保证。

（一）优点

（1）因地制宜的创新实践，集约电网运行管理，集中优势资源，解决了因人员数量、技能水平、试验仪器仪表配置不足等因素造成的电网运行管理水平低、风险大等问题。

（2）人员的补充调整，弥补了其他专业的缺员问题，对公司而言，整体运转更加灵活顺畅，各专业同步发展带动了公司整体管理水平的全面提升。

（3）整合后的电网成为一个小型区域网，电网全面发展规划的实施更加顺畅，减少了中间环节和沟通协调，更有利于电网的完善。实现了小区域电网的集中调度、集中监控，电网发生故障时第一时间进行响应，避免事故扩大。

（二）不足

（1）永和、大宁变电站驻守人员的管理难度增大，业务过于单一，不利于驻守人员的成长。另外，随着时间的推移，驻守人员到龄退休后补充困难。只能由隰县供电公司巡检班操作，可能会造成人、财、物的浪费。

（2）区域内客户报装信息难以达成长效沟通机制，有时出现设备过载现象发生而不能提前予以应对。

生产职能整合运行以来，整体运转良好，体现了专业化、扁平化的管理，精简了管理层级，达到了提升效率的目的。

专家点评

　　该案例通过对区域电网进行分析，梳理出制约日常运检管理的各类问题，提出了具体的跨县域的资源整合方案，并对实施后的优缺点进行了明确。跳出县域电网的小圈子，整合各类资源，建立区域电网协同运检的模式，符合公司集约化管理的相关要求，实属首例，值得进一步积累和总结经验。

电力企业安全生产管理

【单位简介】

国网运城市盐湖区供电公司担负着运城市盐湖区 7 镇 6 乡 8 个街道办事处 314 个行政村，68 万人口，总面积 1237 平方千米的供电任务。管辖 35 千伏变电站 7 座，主变压器 15 台，总容量 111.8 兆伏安；35 千伏线路 12 条，总长 104.36 千米；10 千伏线路 97 条，其中公用 10 千伏线路 74 条，总长 1768.5 千米，专线 23 条；10 千伏配电变压器 4348 台，容量 552.31 兆伏安，其中公用配电变压器 899 台，容量 160.2 兆伏安；低压线路 1404 千米，用电客户 115126 户。2006 年被国家电网公司评选为一流县级供电企业。

【案例摘要】

为了有效解决电力设施保护工作凸显问题，此文从全面提高全员的安全生产管理意识，加强机制建设，落实安全生产责任制，强化三级联动等方面重点阐述了解决外力破坏的方式，不断增强职工的安全意识，从而提高安全生产管理水平和质量

姓名　范　杰

单位及职务　国网运城市盐湖区供电公司副经理

电力安全生产关系到国家的财产安全、人民生活利益和电力职工的安康，是电力企业生存和发展的基石。近年来，电力安全生产已步入良性循环轨道。但安全生产管理工作仍有不足，我们不能局限于内部安全生产管理，要放开手脚，向外延伸。

一、具体问题描述

2013 年以来，公司为了有效地解决电力设施保护工作凸显的问题，本着"安全第一、预防为主、综合治理"的方针，坚持以人为本的思想，进一步强化安全生产管理，有力地保障了电网的安全稳定运行，为盐湖区电网建设的平安和谐发展，为地方经济发展做出了新的贡献。

公司在实践过程中发现，在安全生产管理方面仍存在以下问题：

（一）安全意识模糊，安全职责落实不到位

新安全生产规程逐步出台后，专业人员对相应生产规程没能熟练掌握，更不能很好地指导基层班组的工作。例如从现场作业到安全生产会议记录，依然凭借经验，不善于总结。

（二）安全机制掌握欠缺，安全生产措施落实不到位

职责不清，监督检查不规范，制度要求的内容、方式、时间、程序不明确，容易留死角，走过场。如开展现场安全检查针对性不强等。

（三）不能严格执行《安规》，习惯性违章时有发生

例如在进入生产现场除强令安全措施外，习惯性不戴安全帽、吸烟、没有监护人等现象时有发生。

（四）在依法保护设施、安全监督上措施不力，致使安全管理力度不够

（1）依法治企欠缺。如有线电视线、通信线与电力线路同杆架设等。

（2）安全监督不严。由于公司安全监察部门人员少，专业知识欠缺，对安全生产的监督管理职能没有得到充分发挥，经常被一些非生产性事务缠绕，习惯于事故后的调查和责任追究。

（3）电力设施被窃、破坏的情况发生较多，给社会和电力企业造成很大的损失。

（4）外力破坏现象严重，包括线路树障、违建等。例如2014年运城市东花园防护林树木超高，导致10千伏线路掉闸频繁，公司积极组织人员与园林局磋商，对线路廊道下植被进行砍伐清除，避免了外力破坏引起的停电事故。

二、解决问题的思路和方法

（一）强化安全举措，提高安全生产管理意识

电力企业安全生产的重要作用和意义日益凸显，要实现电力企业的安全生产，就必须有一整套的安全管理制度、标准、细则、作业指导书等，规范人的行为，规范设备操作流程和程序。

一是坚持开展反违章活动。用"三铁"（铁的制度、铁的面孔、铁的处理）反"三违"（违章指挥、违章作业、违反劳动纪律）。

二是全面推进现场标准化作业。规范现场作业程序，落实现场安全措施，确保现场生产流程的可控、能控、在控，以避免人员重大伤亡和电网事故的发生。

（二）加强机制建设，提高安全管理水平

安全工作重要的是规范员工的安全行为。为此，公司进一步加强机制建设，规范公司的安全生产工作，达到"以制度管人"、"以制度管安全"、"以制度促安全"的目标。

一是建立持续改进机制，突出抓好安全性评价动态管理。

二是建立应急预警机制，加强安全生产全过程管理，按照

"分级管理、限期整改"原则，对存在安全隐患的部门及区域，及时督促整改到位。

三是完善管理机制，加强基础管理。认真做好国家电网公司《电力安全工作规程》等规程、标准的培训和执行工作。

四是加强监督考核，完善约束机制，切实履行安全监督职责。安全监督管理要做到"三个到位"，即：思想认识到位、基础工作到位、监督职责到位；同时强化"四种意识"，即：服务意识、从严意识、协调意识、创新意识。完善安监职能和人员配备，加强安全生产监督管理。坚持从基础抓起，关口前移、重心下移，抓好现场监督管理。

（三）落实安全生产责任制，杜绝习惯性违章

纵观大小事故，有很多都是因为违规、违章操作引起的。因此，应把反习惯性违章作为安全生产的工作重点。

一是安全生产要进行全方位、全过程管理，不断完善和建立安全管理体系。坚持行政第一负责人就是安全第一责任人制度，制定安全生产目标和计划，将线路、设备划分区域，以线路及配电变压器台区为单位，把安全责任层层分解落实到人，实行各级承包。公司与农电管理部门，农电管理部门与供电所，供电所与农村电工，层层签订《安全生产目标责任书》，形成安全生产一级抓一级，一级保一级的局面，将考核指标与部门、班组和个人经济利益挂钩，真正形成纵到底、横到边、全员化、全方位、全过程管理的新格局。

二是成立安全生产管理督察队，进企业、进社区、进校园，一方面加强安全用电宣传，另一方面加强对企业用电管理人员的用电培训。

三是做好事故通报汇编工作，事故通报汇编是血的教训，是经验和教训的积累，必须组织全体员工认真学习，举一反三，以杜绝重复事故的发生。在企业里推行安全生产责任追溯制度，

对发生的责任事故和未遂事故，一定要按"四不放过"的原则进行严肃处理。

（四）强化三级联动，加大电力设施保护力度

针对部分群众及单位对电力设施保护意识薄弱的现状，争取政府部门和重要企业对电力设施工作的支持，通过实施政府重视、企业理解、群众监督"三级联动"机制，切实履行电力设施保护责任。

一是成立电力设施保护组，同时与盐湖区政府、公安、交通、林业、各乡镇、村委等单位、部门沟通协调，争取政府相关职能部门支持，构建起了全社会共同参与电力设施保护的管理体系，形成"政企联动、民企联动、综合治理"的新格局。

二是公司借助盐湖区委、区政府的政策倾斜优势，调动各类宣传资源，充分利用报纸、电视、电台、网络等各种新闻媒体，发挥流动宣传车、网站、展板、手机信息等的宣传作用，丰富活动形式和手段，加强宣传报道，大力宣传电力设施保护的重要意义，进一步引导群众认识保护电力设施的重要性，形成全社会齐抓共管的良好局面。

三是强化隐患排查，充分发挥职能作用，与政府部门联合对设备、线路运行状况分片分区逐一开展隐患排查，不留死角，彻底治理由盗窃、树障、违建等造成的外力破坏情况。

三、对实践过程的思考和对效果的评价

盐湖区供电公司认真贯彻落实国家关于电力设施保护工作的各项法律法规，通过讲安全工作的重要性、学安全生产规程、谈安全生产中的经验教训、考安全生产规章等手段，不断增强职工的安全意识，从而提高安全生产管理水平和质量，全面促进电网安全、员工安全、企业稳定的和谐局面。具体措施如下：

一是通过开展"安全用电进校园"活动，现场发放安全

用电宣传画、宣传单、用电指南等,利用多种形式向学生们宣传保护电力设施及安全用电的重要性、必要性,培养孩子们从小了解电力设施保护及如何安全用电的常识,规避用电风险。

二是通过深入大西高铁站前广场、厂矿企业等单位进行安全用电宣传和电力设施隐患排查活动,倾听并详细记录了客户在供电服务中的意见及建议,实实在在地为客户检查并排除了多处隐蔽的安全隐患,强化了企业自身安全用电意识,也增强了客户防止外力破坏的意识。

三是积极参加全国安全生产月活动,同时组织 23 个供电所深入乡村街道、田间地头开展"安全用电宣传进乡镇"主题宣传活动,向农村用户宣传电力设施保护条例、家庭安全用电常识、电力法律法规等方面的内容,对农村安全用电和电力设施保护起到了良好的宣传效果,进一步提高了广大群众的安全责任意识和风险意识,同时增强了对遵章守法重要性的认识。

四是加强日常巡视检查,以辖区 35 千伏变电站、输电线路为巡视维护重点,对所有电力设施进行巡视检查,及时排查隐患及盗窃破坏情况。坚持做到 35 千伏线路每月例行巡检 1 次,10 千伏线路每月例行巡检 2 次,低压线路随时巡检。同时在电力设施保护区对现场勘察发现的安全隐患,及时下达了"安全隐患通知书",及时消除外力破坏隐患,确保电网安全稳定运行。

总之,坚持"安全第一、预防为主",确保电力安全生产,是电力生产的一个核心基础。在今后的工作中,公司将不断加大安全监督力度,严格执行安全生产奖惩规定和重大事故责任追究制度,努力提高电力生产的科学管理水平,确保安全生产的各项要求落到实处。

专家点评

　　该案例对县供电公司日常安全管理存在的问题进行了分析，并提出了具体的措施，对基层单位安全管理工作有较好的借鉴意义。

完善制度　强化监督　有效降低掉闸率

【单位简介】

国网侯马市供电公司担负着全市 3 乡 5 办、76 个行政村、29.7 万居民生活和工农业生产的供电任务，供电面积 220 平方千米。公司管辖 110 千伏变电站 3 座；35 千伏变电站 2 座，主变压器 10 台，总容量 300 兆伏安；35 千伏输电线路 14 条，62.11 千米；10 千伏线路 57 条，630.67 千米；供电台区 332 个，年售电量约 3.5 亿千瓦时。2001 年首次被国网公司评选为一流县级供电企业，2012 年再次被国网公司评选为一流县级供电企业。

姓名　黄景康

单位及职务　国网侯马市供电公司副经理

【案例摘要】

10 千伏配网是面向客户端的主要网架。降低事故、故障掉闸率，提高持续供电能力和用户供电可靠性意义重大。本文结合基层多年配网运维数据，对掉闸情况进行研究并分类，提出了较为具体的工作思路及工作重点，并结合日常运维检修、大修技改工程建设等，对侧重点、关注点进行了描述。

一、具体问题描述

2013 年 1—9 月，公司管辖范围内配网 10 千伏线路发生故障 35 条次，其中：速断跳闸 20 条次，接地故障 15 条次；用户原因掉闸占 69%，外力破坏占 10%，维护不当占 8%，恶劣天气占 13%。配网故障与 2012 年同期 48 条次相比，虽有大幅度下降，但整体配网管理水平仍有很大的提升空间。

二、解决问题的具体思路和做法

公司针对线路专业人员的现状，制定了专业培训制度、培训计划与技能训练科目，并在每月的绩效考核中兑现培训结果。修订完善了线路巡视制度、线路设备维护及检修制度、线路设备基础资料收集制度、缺陷和事故记录、处理制度等一系列规章制度，规范了线路管理标准，将线路管理责任到人，强化员工的责任心，通过规范人员的工作行为来提升管理水平，进而提高线路运检整体工作管理力度。

（一）设备运行维护方面

（1）每月组织专业人员按照巡视周期定期巡视线路，针对线路运行情况，结合恶劣天气、大负荷测试及各类保电活动，进行特殊巡视及夜间测温巡视，巡视结果记录在案；消缺工作结合月度、季度、年度检修计划等有计划实施。

（2）结合季度检修计划，对部分老旧线路上的开关、绝缘子检测并记录，并利用 GIS 系统及时更新补充设备原始资料，保证台账记录的准确和完整。

（3）根据线路运行维护条例对线路接地装置进行定期测试，测试结果记录在案，对不合格杆塔及时进行整改。

（4）建立群防群治的联络机制，对防护区内的群众进行电力设施保护法规宣传，提高群众安全用电意识。对线路防护区内堆积的杂草、秸秆等农作物进行清理。

（5）对线路通道内私自种植树木和修建房屋的单位和个人，

应及时制止并下达危险通知单，责令其按照《电力法》和《线路运行规程》条款的要求，尽快进行清理或整改。

（6）积极与城建、规划、林业、园林等部门沟通，形成常态化管理，定期对线路通道内高大树木进行修剪、砍伐，保证导线与树木的最小安全距离。

（二）季节性检修方面

充分利用季节性检修机会，对所有配电设备进行了全面"体检和治疗"，2013年是侯马市供电公司实施"三集五大"后进行春检的第一年，为保证春检及相关工作保质保量安全完成，前期从隐患排查、计划编制和安全培训等方面做了充足准备，大幅度提高了工作效率。

（1）开展针对性培训。组织生产管理人员、安全监督人员和现场作业人员深入学习安全生产规章制度，组织全体人员认真学习"安规"、"两票"，组织运行值班人员进行背写操作票、背画系统图、布置安全措施、危险点预控的规范化培训及演练。通过针对性的培训增强员工的安全意识和安全技能，达到安全素质"人人过关"。

（2）做好春检手册、作业指导书的编制工作。编写出简洁实用的春检工作手册和春检作业指导书，在手册中明确春检工作分工、重点检修项目、拟重点解决的设备问题、备品备件清单、春检联络人和安全把关人等，做到系统思维，超前准备，周密安排，控制过程。

（3）认真分析设备状况，制定针对性处理措施。在春检前组织一次全面的春检分析和技术监督分析，要对输变电设施进行一次全面彻底的摸底、排查，结合隐患排查治理和高危客户供电隐患排查、安全性评价等农网设备运行情况，分析、查找历年春检工作中存在的问题和薄弱环节，有针对性地做好清扫、预试、检修计划及备品材料的准备工作。

（4）做好春检前备品备件和安全工器具的检查、维护工作。完成各类安全工器具检查、修理、送检、补充工作，对未经测试或不合格的工器具要禁止使用。对设备易损部件或接近机械寿命的部件要做好更换准备，补充、配备相应的备品备件，并保证备品备件的质量和数量，切实做好材料工具、备品备件、仪器仪表准备工作。

（三）施工作业方面

（1）加强设备巡视检查力度，发现在线路通道内施工的单位和个人，应及时拍照取证，第一时间与其签订"安全协议"，告知设备运行安全规范，设置警示标识，明确安全责任。

（2）完善警示标识，对位于公路两侧的输配电线路混凝土杆进行防撞标示的粉刷，重要路口张贴反光标识，在交叉跨越的导线上加装限高标识。

（3）抓好施工质量。针对大修技改、农网改造等各类施工项目，在确保完善各类保障安全措施的同时，应认真抓好施工质量，安排巡检人员跟踪作业，确保工程实施后设备的安全可靠运行。

（4）加强巡视，严密监控。近几年候马市高速铁路、高速公路、楼房建设项目很多，相当一部分是在线路通道内施工，大型机械和车辆过往较频繁，易发生车辆和机械设备碰撞电杆、挂断导线、拉线等故障。结合线路通道内施工情况，公司每月多次组织人员对区段内线路进行巡视，严密监视通道内的变化，告知危险点和安全注意事项，消除安全隐患。

三、存在的主要问题及改进防范措施

（一）用户设备故障

从统计数据可以看出，用户原因引起的掉闸、接地等事故高达 69%，加强用户设备的监管与整治是有效降低掉闸率的主要手段。

1. 故障原因

多年以来,因产权归属责任划分不明确、用电检查力度差、没有强行制约文件及手段等原因,公司系统对用户设备的检查管理没有真正到位,特别是多数专用变压器、专线用户设备常年不进行预防性试验和必要维护检查,设备、元器件长期带病运行,给线路安全运行造成巨大隐患,一个元器件的故障将直接影响到线路的稳定运行,尤其 10 千伏农村线路的水利支线普遍状况差,运行 30 年以上的设备占比较大,而作为农村集体资产,政府层面不会也无能力筹措大量资金实施整治。

2. 改进措施

需要营销部门与运维部门达成共识,通力协作,联手加大巡察、整治力度,同时取得当地经信局、安监局支持,对造成线路掉闸的用户,多方施加压力强制要求进行更新改造,否则不予送电;对检查发现存在设备安全隐患的用户,下达隐患整改通知限期整改,并报政府相关部门备案,到期请政府层面强制用户配合整改。同时将用户设备故障造成的后果及损失印发成宣传资料,向各级用户传发,逐步从强制整治进展到用户自愿整改的最终结果。

目前公司完成了用户配电设备故障处理管理办法及管理流程的编写,规范了因用户设备运行情况造成的主网设备故障处理流程,监督运行状况较差的用户定期进行预防性试验,在日常联合检查中发现用户设备存在安全隐患和缺陷的应及时下达隐患整改通知,协调用户地方主管部门共同督促进行整改。

(二)外力破坏

1. 原因

施工机械挂(砸)断导线,挖断电缆,施工临建设施塌落撞击混凝土杆等问题。

2. 改进措施

电力设施保护的宣传力度还需加强，首先在公司系统形成群防群治的氛围，在日常工作中，强化对线路通道走廊内各种变化的警觉性，对通道内的城市改扩建、建房、修缮施工等即时发现即时汇报，同时与城市规划建设部门加强沟通，预先掌握相关建设项目，做到有的放矢。运维管理上，必须定期巡视与排查，在易出事故段加装安全警示标识，加强设备保护区的安全检查和安全用电知识宣传工作，对缆化线路要设置完善醒目的电缆走向及警示标志。

（三）设备维护不当

1. 原因

主要是对设备的巡视检查管理不到位，定期的清扫、试验没有认真执行，对设备状况"心中无数"；大修、农网改造等工程施工当天结束要恢复送电，工作负责人及设备运维部门对改造后线路的验收把关不严，存在的缺陷、工艺质量等问题容易被忽视，致使最终形成故障导致掉闸、接地等。

2. 改进措施

严格执行巡视、检修等制度规范，并与实施绩效挂钩。定期召开配网专业专题分析会，对线路巡视、缺陷查处、检修施工把关验收等各方面认真分析存在的问题和不足，并采取联合检查、交叉检查等办法，在提升人员到位率的同时，有效提升缺陷消除率。

四、实践效果

10千伏配电网掉闸属于经常性的故障，有效降低掉闸率，提高配网长期不间断供电能力，是公司长期不懈努力认真付诸实施的一项重要基础工作，也反映出一个单位管理水平的高低。通过公司近年来对配网运维管理、资金投入的加大，掉闸率呈逐年下降趋势。通过对掉闸事件的统计分析，需要重点在用户设备管理与整治、防外破和设备日常运维上加大管理与考核力度，将配网管理水平继续向前推进。

专家点评

　　10千伏配网掉闸是经常性的故障，国网侯马市供电公司从设备运行维护、季节性检修及施工作业方面对完善制度、强化监督提出了较为具体的思路和方法，有效降低了10千伏配电网掉闸率。从文中反映的效果来看，采取的措施是有效的，具有实用推广意义。

县供电公司如何做好
农网升级改造工程的档案管理工作

姓名　梁晓东

单位及职务　国网永济市供电公司副经理

【单位简介】

国网永济市供电公司担负着全市 11 万余户居民生活和工农业生产的供电任务。管辖 110 千伏变电站 10 座；35 千伏变电站 14 座；35 千伏线路 25 条，211 千米；10 千伏线路 111 条，2288 千米。年售电量 6.65 亿千瓦时。2004 年首次被国网公司评选为一流县级供电企业；2013 年再次被国网公司评选为一流县级供电企业。

【案例摘要】

本文主要针对在新一轮农网改造升级工程中，县供电公司应如何结合自身特点，通过发现问题、研究问题、解决问题，总结出一些档案管理方面的经验和措施，希望可以提供一些有价值的参考意见。

162

一、具体问题描述

2010 年以来，国网永济市供电公司严格按照省发改委的规划部署以及省电力公司、运城供电公司相关要求，开始新一轮农网升级改造工程。为做好此项工作，保质保量地完成每个工程项目，公司高度重视，专门成立了农网改造工程工作组，负责工程的前期立项、物资分配、施工管理、竣工验收、档案管理等工作。众所周知，工程档案是农网工程管理的重要组成部分，是真实记录工程实施全过程的重要资料，也是以后线路投运、维护、扩建的重要依据。所以，确保农网改造工程档案的完整、真实和规范，是公司的工作重点之一。在工作过程中，采用"边整理、边检查、边整改"的工作方法，结合县公司的实际人员配备、工作能力和工作环境等情况，通过工程档案资料"回头看"活动，细化并明确列出存在问题，杜绝空话套话。通过检查、归纳，总结出以下几个问题：

（一）工程档案归档范围不明确

通过对比几条 10 千伏线路改造工程项目的档案资料，发现各项目的资料条目不一致，存在归档标准不清晰、缺项、杂乱的问题。通过询问整合资料人员，发现施工方和监理方提供的资料不全面，整个工程档案归档范围不明确，没有统一、规范的标准。

（二）工程项目多，涉及部门多，造成归档任务重、范围广

以 2012 年为例，国网永济市供电公司共有农网升级改造工程 12 项，包括 35 千伏变电站增容项目 1 个，10 千伏线路改造工程 9 条，1 套低压台区改造项目和 1 套户表改造及其配套工程，整理工程资料档案的任务很重；由于档案管理涉及设计院、施工方、监理方、审计方、物资供应中心和分公司财务部等多个单位或部门，如何与这些部门进行切实有效的沟通，取得完整、规范、齐全的资料，也是县供电公司工程档案管理的一项重要

工作。

（三）工程变更手续不规范

由于工程设计阶段往往要比施工阶段提前一年左右的时间，在这段时间内如果现场施工条件发生变化，与之前的设计图不符，则需要进行设计变更。在工程施工过程中通过检查发现工程变更手续不规范，存在为了赶进度由施工方和管理方商定变更方案、一边施工一边向上级部门请示的现象。

（四）影像资料不及时，存在事后补录和混用、重复使用的现象

在检查中我们发现，工程照片等影像资料存在不全面，拍摄角度不合理等问题，不能直观明了地反映出工程实际进展和实际情况。

（五）工程资料填写不规范

在检查施工资料时，发现存在资料漏项、未填写内容或内容不完整，签名或印章部分缺失、资料内容前后不一致的现象。

（六）资料移交时，工程档案不能及时在协同办公系统中录入

受县供电公司人员配备的限制，工程档案移交后，档案管理人员未能及时在协同办公系统中录入工程档案，公司档案管理系统数字化程度不高。

二、解决问题的思路和方法

针对所查出的问题，农网改造工程工作组广泛倾听一线工作人员的意见及建议，认真分析问题产生的原因，积极与上级及兄弟单位交流，并结合公司实际，决定采用"规范标准、整合同类、严格考核、提高能力"的思路，通过以下几种方法，切实解决存在的问题，确保档案管理工作的齐全、完整、真实、准确。

（一）规范标准

及时与上级单位相关部门联系沟通，取得最新的农网升级

改造工程档案资料目录和范本，并要求严格按照目录和范本的格式对工程档案资料进行调整、整改和补充。积极与设计院等单位联系，对竣工图纸等资料的格式进行规范。同时，对工程需要变更的部分，严格按照流程，由管理单位向上级部门提出变更申请，经上级部门发出变更计划后，由设计院进行现场勘查重新出具设计图，管理方、设计方、施工方、监理方在工程变更通知单上共同签字后，方可进行变更部分的施工。

（二）整合同类

结合公司实际工作情况，同一年度的同一批次的多个工程的批复文件、物资出库单、施工合同等资料可打包下发，包含在同一份资料里，摘录共性资料可以减少工作重复性，缩减工作量。

（三）严格考核

对于影像资料不及时、资料填写不规范、未能在协同办公系统中及时录入等问题，农网改造工程工作组决定进一步加强考核，严肃工作态度，提高工作人员责任意识，形成工程档案资料整理——检查考核——整改的闭环管理，确保工程档案资料的规范、完整、准确。

（四）提高能力

随着农网改造升级工程管理的逐步规范化和办公自动化水平的提高，工程人员的工作能力，尤其是电脑操作能力亟待增强。结合县供电公司人员年龄偏大、结构性缺员等实际问题，除了抽调大学生、及时补充新鲜血液外，还要加强对现有人员的培训，充分利用集体办公、档案资料交流学习现场会、上级领导检查指导的机会，加强学习，积极请教，弥补不足。

三、解决问题的实践过程描述

按照上述解决问题的思路，农网改造工程工作组合理安排，积极行动，首先做了以下几方面工作：

一是加强执行力，强化考核。专门制定了关于农网升级改造工程档案管理的相关规定，分工明确，责任到人，并落实到工程档案管理的各个环节，从制度上保证工程档案的完整性和规范性。

二是改善人员配备，增强队伍力量。抽调部分大学生进入农网工作组，分别与35千伏改造工程、10千伏改造工程、台区改造工程、户表改造工程专责配对，增强队伍力量。通过向老员工学习，弥补了大学生没有现场经验的缺陷，为公司培养了农网工程的后备力量。同时，老员工也向大学生们学习了部分电脑绘图知识和电脑操作步骤，增强了电脑操作能力。

三是加强与相关部门的联系，及时备齐资料。及时同相关部门联系，取得所需资料，是加快资料整理进度、确保资料完整性的有效方法。因权限不同，农网升级改造工程前期的许多资料属相关部门管辖且由其提供。所以，公司指定专人进行与其他部门联系工作，尽快获取准确、完整的资料。

同时，在具体实践过程中，农网改造工程工作组应根据工程项目的进展情况合理分配资料整理工作时间，确保工程资料始终跟随工程进度。具体实践过程描述如下：

（1）从相关部门获取农网改造升级规划、可研批复文件、可研报告、工程项目投资（调整）计划、初步设计批复、初步设计说明书、概算批复、审定概算书等工程计划与设计资料；从分公司财务部或物资供应中心取得物资出库单、废旧物资回收单、物资（非物资）中标通知书等资料。

（2）从施工方取得各个工程的施工资料，确定开、竣工时间及工程量；审核其资料是否齐全，签名、盖章是否完备；审核其所列设计、监理单位是否正确；审核其工程量是否与概算上的一致，是否有退库物资；审核其竣工图纸、审定结算报告是否与竣工报告、竣工验收报告上所述的工程量一致；审核其

166

工程变更是否符合规范；检查竣工图纸、结算报告上所列物资是否一致，各工程物资总量是否与物资出库单相符，明确退库物资数目。

（3）审核监理单位提供的各个工程的监理资料，检查其签名、盖章是否完备；其上所列开竣工时间及工程量是否与施工资料一致，物料是否相符。

（4）审核审计部门提供的各工程的审计资料，应检查其所列的各个工程物资总量、总金额是否与物资出库单相符；退库物资是否与前面所确定的一致；检查其开竣工时间、工程量，尤其是所用杆数、线路公里数等易出现不一致的地方。

（5）上述主要资料准备完毕后，应归纳整理其他资料，如会议纪要、工程建设管理纲要、数码照片、相关合同、整体验收报告、效益分析报告等资料。

（6）按照档案室档案装订的要求，将所有资料分类整理，编写页面，录入目录，装订成册。

（7）档案装订完毕后，再次对其进行检查，查看是否有遗漏或不一致的地方并及时改正。

（8）规范移交工作，工程档案资料在竣工验收后 3 个月内移交档案室，并及时在协同办公系统中录入。

（9）按照工程实际完成情况，编写工程汇报材料，对工程计划投资额、工程量，实际投资额及工程量、实际完成时间，所取得的经济效益做一简要描述，以备上级单位和领导检查。

（10）总结档案整理过程中的典型经验和问题，相互交流借鉴，形成一套系统的、完整的档案整理方法。

四、对实践过程的思考和对效果的评价

工程档案整理是一项看似简单，但实际上却十分复杂的工作，不仅要求工程人员熟知工程情况，也要求其具有良好的组织沟通能力和耐心细致的品质。结合公司的实际情况，将档案整理中所遇到的问题加以分类总结,进而将档案整理过程按照上述第二、三部分流程化,可以快速提高档案整理速度和质量。结合"三集五大"体制改革,人员结构重新调整,流程化的档案整理过程可以使新接手农网工程人员快速学习和适应工程档案的积累、整理、移交、归档、保管和使用工作,为确保工程档案的完整性、准确性、真实性和规范性打下了坚实的基础。

专家点评

　　档案管理作为工程管理的重要环节,是工程规范化管理的主要载体。该公司从细节入手,挖掘过程中的盲点和薄弱点,按照发现问题、分析问题、解决问题的思路,规范了资料的收集整理内容、制定了监督考核办法、梳理了具体执行流程、强化了人员的执行力,确保了档案的齐全、完整、真实、准确,值得借鉴和推广。

"三维立体式"培训　打造卓越团队

【单位简介】

　　国网河曲县供电公司担负着全县 4 镇 9 乡，341 个行政村，45955 户的居民生活和工农业生产的供电任务，供电面积 1323 平方千米。管辖 110 千伏变电站 2 座，总容量 146.50 兆伏安；35 千伏变电站 4 座，总容量 42.05 兆伏安；110 千伏线路 4 条，28.33 千米；35 千伏线路 24 条，268.56 千米；10 千伏线路 43 条，852.31 千米；低压线路 814 千米；年售电量 3.26 亿千瓦时。先后荣获山西省模范单位、山西省文明和谐单位，国网公司客服先进班组，省公司安全生产先进集体等荣誉称号。2011 年被国家电网公司评选为一流县级供电企业。

姓名　刘海军

单位及职务　国网河曲县供电公司副经理

【案例摘要】

　　随着国网公司"三集五大"体系建设持续推进和"五统一"文化建设的全面实施，对人员素质和能力有了更高的需求，为积极适应体制改革与企业发展所需，河曲县供电公司找准问题，对症下药，力求在队伍建设方面下大力气，为员工搭建更广阔的成长平台，助推企业发展，尝试推行"三维立体式"培训模式，以提高全员整体素质。

一、具体问题描述

河曲县地理位置偏远，交通闭塞，人员素质参差不齐，农电工人数占职工总人数的 50%，远不能适应企业发展所需，员工素质急待提高。具体表现在以下 3 个问题：

（1）员工思想滞后，受过去"铁饭碗"、得过且过的思想侵蚀严重。

（2）员工业务水平低，有些事情想干但干不了，存在力不从心的现状。

（3）员工受年龄和学历结构影响，课堂和书本上的知识学不进去，但实践中经常遇到自己难以解决的问题。

二、解决问题的思路和方法

"三维立体法"引用长、宽、高"三维"空间理论，全方位、多角度地开展工作。具体内容有：延伸培训"长度"，即加强培训基础设施建设，注重培训师的培养和场所的布置；拓展培训"宽度"，即加大培训力度，丰富培训内容，突出基础性、针对性与实用性三大特点，开展培训工作；提升培训"高度"，即注重培训方式及成效，培训的目的上升到为企业安全生产、经营绩效服务。

三、解决问题的实践过程

（一）延伸培训"长度"

加强培训基础设施建设。先后建成机关综合技能培训基地和 4 个供电所技能培训基地，利用变电站改造退役后的 8 台高低压设备和 1 套直流设备建成 35 千伏仿真变电站 1 座，成立了安全教育室。

完善继续教育制度。鼓励职工接受再教育，加强法律、财会、行政管理、经营管理等专业知识的学习，通过函授、自考等形式，不断提高个人文化知识水平。

（二）拓展培训"宽度"

1. 基础性

开展各种培训、考试、技能比武活动，如安规、两票、倒闸操作、触电急救培训与考试，组织进行变电运行、线路技能、低压用户用电信息采集系统户表改造、交通安全 4 个项目的"抓安全、强技能、促奉献"系列讲学、比学活动，适时开展应急演练、消防演练等。

2. 针对性

本着"缺什么、补什么"的原则，针对农电工计算机知识匮乏的现状，开展农电工计算机深化应用培训，结合新一轮农网改造升级工程，开展专题培训，随着 PMS 系统上线运行，组织开展 PMS 系统应用培训、协同办公系统培训，结合用电信息采集系统建设，组织进行用电信息采集系统培训；针对交通安全管理，组织开展交通安全知识培训和考试；针对新入职大学生，开展大学生岗前培训，组织召开大学生座谈会；针对高危客户安全管理，组织开展企业电工培训。

3. 实用性

利用公司现有培训阵地，开展以短期专业训练为主的业务技能培训，注重动手操作，规范日常工作中的违章动作。针对不同区域，主要以断路器的维护和实际操作方法、变台标准停送电操作方法、日常登杆安装横担、10 千伏开关停送电标准操作方法、智能表运行维护、定时开关、控制器安装等基本操作技能进行重点培训。利用 35 千伏仿真变电站，针对目前公司所属 10 千伏线路分段开关大多用 ZW_8-12 型 10 千伏真空断路器，对其操作原理与使用方法进行专业培训，确保日常操作万无一失。

（三）提升培训"高度"

坚持寓教于乐的人性化培训模式，创新性地将刀闸操作程序编写成"歌"的形式，在各生产班组推广。推出了"以培促效"的培训管理模式，即在培训的同时，将出现故障的设备修复，使其"二次上岗"。具体流程是：对退役设备、损坏设备回收到技能培训基地,首先进行故障原因分析、研讨,再以设备修复为契机,对设备工作原理、安装结构、运行维护方法进行针对性培训,设备确认合格后进行合理储备,作为备品备件使用;对于未能修复的设备进行零部件拆解、储备,以便零部件的二次使用。目前,已成功修复 2 台 ZW8-12 型 10 千伏真空断路器,为公司创造总价值约 16000 元。

完善激励教育制度。通过愿景感召、评先评模、权利保障、绩效提升等一系列激励机制,建立人才激励办法、教育培训考核评估制度,对一线员工、农电工进行岗位轮换;对在上级单位组织的各种竞赛、比武等活动中成绩优秀的员工,县公司内部进行同样额度的奖励,并优先聘用到管理岗位上来,实现"培训、考核、使用、待遇、发展一体化"的工作制度。扎实开展"三好"评选主题活动,"三抓一树"、"中国梦·国网情"主题教育、"传递最美力量"活动。2013 年度公司内部评选出 6 名最美员工,2 人分别荣获国网忻州供电公司"最美调控员"、"最美继电保护卫士",以先进典型宣传为载体,激发员工潜能。组织编印职工《愿景集》、《成果集》。同时,通过开展职工读书、摄影、书画展等一系列丰富多彩的职工业余文化活动,不断拓宽员工知识面,培养一专多能的高素质员工队伍。

四、对实践过程的思考和对效果的评价

(一)对实践过程的思考

(1)县供电公司的培训经费不足。

(2)培训师资力量不够,所谓"走出去、请进来"的培训条件不够。

(二)对效果的评价

通过实施"三维立体式"培训,全员整体素质得到了有效提升,推动公司各项工作实现了新跨越。

专家点评

　　该案例详细分析了县公司在人力资源管理上存在的不足，问题尖锐，切中要害。解决措施也是总览全局，在人员培训上下功夫，尝试推行"三维立体式"培训模式，注重针对性和实用性，从最基本的岗位基础培训入手，查缺补漏，对症下药，以提高全员整体素质，值得推广学习。

坚持党的群众路线
促进工作作风转变

【单位简介】

国网永济市供电公司担负着全市 11 万余户居民生活和工农业生产的供电任务。管辖 110 千伏变电站 10 座；35 千伏变电站 14 座；35 千伏线路 25 条，211 千米；10 千伏线路 111 条，2288 千米；年售电量 6.65 亿千瓦时。多次荣获山西省文明单位等荣誉称号。2004 年首次被国家电网公司评选为一流县级供电企业；2013 年再次被国家电网公司评选为一流县级供电企业。

【案例摘要】

本文从党的群众路线实践活动中发现的问题入手，着力在解决问题的思路和方法上进行探索和探讨，从"机制保障、制度完善、有效载体、典型引领、监督考核" 5 个方面进行了论述，紧扣群众路线这一基点和红线，聚焦支部在活动中发挥的战斗堡垒作用，同时分析了活动取得的成绩及效果评价。

姓名　宁引胜

单位及职务　国网永济市供电公司党支部副书记

党的根基在人民、血脉在人民、力量在人民，加强和改进党的作风建设，核心问题是保持党同人民群众的血肉联系。开展党的群众路线教育实践活动，是贯彻落实中央决策部署、实现党的十八大确定的奋斗目标的必然要求，是保持党的先进性和纯洁性、实现中华民族伟大复兴"中国梦"、推动公司改革创新发展的必然要求，是解决群众反映强烈突出问题的必然要求。国网永济市供电公司始终把贯彻落实党的群众路线作为支部建设的首要工作来抓，充分依靠职工群众的智慧和力量，全面改进工作作风，使党的优良传统得到继承和发扬，以作风建设的新成效凝聚推动公司改革发展的强大力量，促进了公司各项工作的有序开展。

一、具体问题描述

（1）部分党员思想滑坡、信仰缺失、党性不强。随着社会的发展，时代的变迁，人们的世界观、人生观、价值观都发生了很大的变化，部分党员对党的认识也变得肤浅，不能时时处处以一名党员的标准严格要求自己，不能正确对待出现的矛盾和问题。

（2）党建工作缺少抓手。未充分利用各种有效载体，找到党建工作与经济发展的最佳结合点，党员活动内容单一，创新意识不强。

（3）部分党员心理浮躁，缺乏在党言党、在党忧党、在党为党、在党护党的责任和意识，对党建工作认识不到位，对党支部的各种活动不感兴趣，重视程度不够，参与意识不强。

（4）领导干部深入基层调研少。领导干部不能及时深入基层调研，对群众的诉求、需求了解不深不够不透，很大程度上影响了群众工作的开展。

针对上述问题，国网永济市供电公司党支部坚持高标准、高要求，不断强化学习、创新载体、对标先进、主动改进，切实抓好各个环节工作的落实。

二、解决问题的思路和实践的方法

公司党支部以党的群众路线教育实践活动开展为契机，以为民务实清廉为主要内容，以贯彻落实"八项规定"为切入点，进一步突出作风建设，坚决反对形式主义、官僚主义、享乐主义和奢靡之风，全面提高做好新形势下群众工作的能力。并在实践中探索出"五位一体"的工作机制，即机制保障、制度完善、有效载体、典型引领、监督考核5个方面互动互促，创新了支部教育引导党员干部践行群众路线的机制和路径，使依靠群众路线来发现问题、解决问题成为国网永济市供电公司干部职工的高度自觉和共识。

（一）机制保障

支部从自身做起，带头改进领导方式和工作方法，建立和完善了决策联动工作机制，严格执行民主集中制和"三重一大"决策制度，凡涉及人民群众切身利益的重大决策，都要通过充分酝酿、科学论证，特别是群众认同三个关口严格把关，使高居"庙堂"的决策与身处"江湖"的民意互联互通，有机融合，确保了人民群众的知情权、参与权、监督权的有效落实，保证了人民合理意见得到切实采纳，合法权益得到有力保护，真正使群众路线从理论层面上升到了实践高度。

（二）制度完善

制度问题更带有根本性、全局性、稳定性和长期性。因此，支部着力从完善制度机制方面求突破。建立群众利益诉求制度，增设意见箱，开通投诉热线，轻车简从调查研究，了解民意，千方百计拓宽维权途径，增强维权实效，让企业发展成果惠及广大人民群众；健全作风考核评价体系；从严规范厉行节约、制止浪费制度；修订公务接待管理规定，完善会议、培训、活动经费相关规定，建立健全业务招待费方面的审计制度，做到联系群众常态化、长效化、公开化；杜绝公

176

车私用现象，车辆油料、修理费用下降了 30%，接待费用下降了 60%，在社会上树立了公司新形象。

（三）有效载体

支部积极培育党建文化引领企业发展的新模式，以"扩大覆盖面、推进规范化、发挥组织优势"为主题，结合创先争优活动，推行党员承诺制，设立"党员责任区"、"党员示范岗"、"月度之星"、"三亮三比三评"、"亮旗帜、展风采、争先锋"等主题实践活动，提升广大党员、干部、职工的归属感、荣誉感和向心力，充分发挥党员先锋引领作用，努力搭建党员与职工沟通的桥梁，激发党员服务企业的热情，使企业文化真正内化于心，固化于行，有效推动公司的可持续发展。

（四）典型引领

以开办"道德讲堂"，举办"中国梦·国网情"、"传递最美力量"演讲比赛，开展"学习道德模范，恪守为民宗旨，履职尽责奉献"等主题活动为契机，宣传公司张茂林（三十年如一日照顾先天性软骨病患者薛引学）、孙利家（身患癌症，依旧坚守岗位）、任井泉（服务群众至上）等先进典型，培育了新精神，凝聚了正能量，用身边的事教育身边的人，激励广大职工做实事、求实效、建实功，在岗位奉献中实现自我提升。如今在国网永济市供电公司，一个党员就是一面旗帜，党员勇于挑大梁、走前列、树标杆已蔚然成风，有效提升了人民群众对公司的认知度和美誉度。

（五）监督考核

立足当前实际，公司支部着手建立了严格的监督约束机制，力求使公司在"不敢"上做文章，把监督约束与教育引导相结合，做好党员干部队伍的思想教育工作，转变工作作风，从心底树立起为人民服务的观念；一旦发现涉及不正之风的问题，从严处置，绝不姑息；召开公司领导班子专题民主生活会和全体党员民主评议会，认真开展批评和自我批评，达到了"团结——批评——团结"的目的。通过严格的监督约束，增强和树立"一切为了群众，一切依靠群众"的思想观念和理念，支部创新工作开通了微信公众平台，及时发布停电计划、报修服务、用电小贴士等优质供电动态信息，制作多个视频传播"责任央企"品牌文化；广大党员干部职工都坚持深入基层一线，踏踏实实为群众为基层解决实际问题，让群众看到实实在在的变化，得到实实在在的实惠。

三、对实践过程的思考和对效果的评价

（一）实践思考

1. 目标制定要合理

结合工作和公司实际，将活动目标制定与促进中心任务、解决实际问题、转变工作作风相结合，确保教育活动能够取得实效。

2. 阶段设置要科学

做到各阶段主题突出、任务明确、时间合理，确保活动扎实、稳步、深入、有成效。

3. 推进方法要有效

坚持典型引路，让活动方向明、动力强、效果显。坚持督查促进，让活动按时间节点完成任务。支部在实践活动中要始终发挥战斗堡垒作用。结合实际，深入群众，了解民意，确保活动符合群众需求和期盼。

4. 载体设定要准确

载体是活动取得成效的有力抓手。载体一定要选准选对选到位，将中心任务落实过程中的关键点、热点、难点问题作为载体来抓，牢固树立以抓好工作落实，服务群众需要，彰显社会正能量为大局的思想，有效推进群众路线教育实践活动的开展。

（二）效果评价

1. 提高了政治素质，增强了服务意识

首先，公司班子成员的中心组学习，更趋规范，促进了政治理论学习制度化、常态化；其次，周五例会内容更充实，全体干部职工学习党章、党的十八大及历届全会精神、"八项规定"及业务知识更自觉。通过学习，提高了干部职工的政治理论水平，进一步增强了服务意识，切实摆正了同人民群众的关系，广大干部职工都能真心对待群众，真情服务群众；第三，严格按照国家电网公司《员工行为规范》、《员工奖惩规定》和"十不准"的要求，不断强化职工思想道德、作风纪律、技术技能和企业文化建设，规范职工的行为，提升职工队伍素质。

2. 突出了清正廉洁，强化了党风廉政建设工作

按照"一岗双责"和"谁主管，谁负责"的原则，分级签订了《党风廉政建设责任书》，重点岗位人员签订了"廉洁从业承诺书"，并把党风廉政建设责任制与评选先进等工作进行挂钩；坚持每月发送廉政短信，把廉洁文化融入领导班子建设、部室建设、班组建设和家庭文化建设；开展了"强信念，重道德，转作风，守纪律"等主题实践教育活动，切实加强了党员领导干部廉洁自律意识和作风建设，不断深化"干事、干净"理念，为打造廉洁高效的职工队伍奠定了良好基础；对电费电价、供电服务、库存物资再利用、"八项规定"实施细则等效能监察工作的监督检查力度，持续加大从源头上预防和遏制腐败现象；班子成员率先带头认真执行"九条禁令"、"五个不准"、禁止大操大办各项规定，有效遏制了不良风气，确保了党风廉政建设得到持续健康发展。

3. 稳定职工队伍，促进企业和谐发展

支部从职工利益出发，着力培育主人翁意识，夯实了企业

文化。利用"三八"、"五四"、"七一"、"十一"等重要节日，举办各种庆祝纪念活动，重阳节、春节前夕慰问离退休职工，每年开展金秋助学活动等，体现出企业对职工的关心和爱护，使职工切身感受到大家庭的温暖。班子成员本着"实事求是、密切联系群众"的原则，坚持主动深入基层班组、供电所开展调研活动，访民情、听民意、解民难，关心基层职工的工作和生活，为职工办实事、办好事，确保职工队伍的稳定。同时，坚持完善信访维稳工作各项制度，及时发现影响公司稳定发展的风险，及早处置，做到认识到位，责任到位，措施到位，促进了电网安全、企业稳定、社会和谐。

4. 履行社会职责，党建服务民生取得了新的成效

公司支部积极履行社会责任，实施"你用电、我用心"优质服务工程，服务地方经济发展，树立国家电网品牌形象。常年开展帮扶活动，如及时了解实际情况，解决实际困难，对赵杏村优先进行中低压改造，配合解决了道路硬化问题；拓宽服务渠道，与永济市邮政局积极协商联系，在全市增加 91 个电费代收点，进一步方便了客户缴费；以党员为骨干组建了"黎明共产党员服务队"，常年服务在基层，充分发挥了共产党员服务队在服务社区、服务群众、奉献社会的作用，在春浇及抗旱工作中，深入田间地头主动服务，帮助农民义务检查用电设备健康状况，及时消除安全隐患，解除农民用电之忧，先后对全市2742 台井灌配电变压器及供用电设施进行了拉网式排查和维护，处理缺陷 13 处，为农民春浇提供了电力能源保障；圆满完成了高考、中考、惠民文化周、五老峰登山节等重要时期的保电任务，用实际行动推动新农村建设，受到社会的一致好评。党支部荣获国网山西省电力公司电网先锋党支部、运城市先进基层党组织、国网运城供电公司先进党支部称号；行风评议连续13 年获第一；荣获了国家电网公司和山西省文明单位、国家电

网公司一流供电企业称号。

　　党的作风建设永远在路上。国网永济市供电公司党支部将继续坚持走群众路线，树新风正气，联系群众凝聚正能量，改进作风彰显新作为，强化正风肃纪，建立长效机制，切实把作风建设的各项要求有机融合到管理实践中，为公司改革创新发展做出新的更大贡献。

专家点评

　　该案例针对实际工作中的党员思想懈怠、工作动力欠缺等问题，提出了机制保障、制度完善、有效载体、典型引领、监督考核 5 个方面互动互促的工作机制，并在实践活动中严格要求，不断充实工作内容，取得了良好的效果，建议加大引用范围。

"全心服务"确保企业文化落地

【单位简介】

国网左云县供电公司担负着全县 35127 户各类用电客户的生产、生活供电任务。管辖 35 千伏变电站 6 座,总容量 80.3 兆伏安,35 千伏变电站全部实现了无人值班;35 千伏输电线路 12 条,113.44 千米;10 千伏公用配电线路 41 条,638.28 千米;10 千伏用户线路 14 条,117.84 千米;低压公用配电变压器 377 台,容量 42.49 兆伏安;低压线路 284 条,389.84 千米;年售电量 3 亿千瓦时。2005 年荣获国家电网公司一流县级供电企业称号,2002 年和 2010 年被山西省电力公司评选为一流县级供电企业。

【案例摘要】

一个科学、健康、发展、充满活力的企业,必定要有它自己特有的、优秀的企业文化。县级供电公司作为国家电网公司的基层窗口部门,最频繁、也最容易接触到普通的用电客户,可以说是供电企业的"前沿阵地"。营销服务工作不到位、不完善,影响公司品牌形象,不利于国家电网公司企业文化的落地。做好服务文化传播,必定会对电力企业的生存和发展起到极大的促进作用,必将推动电力企业文化的生根落地。

姓名　王　荣

单位及职务　国网左云县供电公司工会主席

一、具体问题描述

一个科学、健康、发展、充满活力的企业，必定要有它自己特有的、优秀的企业文化。对供电企业而言，在讲求经济效益的同时，也要追求社会效益的最大化，打造公司品牌、传递企业文化、助推和谐发展，是供电企业更高层次的追求。当前，电力企业紧缺的不是人才，不是资金，也不是生存和发展的空间，而是一种与和谐社会相适应的全新的企业经营理念。在许多情况下，电力企业还沿袭老一套的思维定式和工作方法，人才不能合理流动，优质服务不能令人满意。因此树立全新的企业经营理念和企业文化理念，是全面走向市场的生存与发展之道，需要引起电力企业每一个员工的重视。

县级供电公司作为国家电网公司的基层窗口部门、前沿阵地，最频繁、也最容易接触到普通的用电客户，营销服务工作不到位、不完善，影响公司品牌形象，不利于企业文化的落地生根。

二、解决问题的思路和方法

如何通过营销服务工作，让普通用电客户了解和接受国网公司的服务文化，并自愿去宣传，这是县级供电企业必须思考的问题。

国网左云县供电公司在全力保障供电的基础上，不断创新服务举措，以客户为中心，结合左云地域文化、风土人情的特点，深化"客户是上帝"的理念，为客户提供"全心服务"，想客户之所想、忧客户之所忧，增强客户的满足感和亲切感。

（一）缔造全新的企业经营理念和电力企业文化氛围

公司经营理念把握如下三个原则：第一，与市场经济相适应，符合市场法则和竞争意识；第二，着眼于打破电力企业的垄断；第三，突出时代的进步与发展的特征。

在进行企业制度、企业形象、营销观念、职工行为、企业环境的全面创新上，公司力求营造一种全新的文化氛围。比如公司根据员工文化精神需求，投入资金配置了图书馆、阅览室、健身室、运动场，定期举办文娱体育活动。同时，围绕公司的生产经营工作，定期举办业务知识专业培训讲座，开展岗位技术练兵比武竞赛，以及征文、摄影、书法、绘画、歌唱比赛，培养和陶冶员工高尚的品德和情操，传播科学技术文化知识，为左云县供电公司营造了良好的文化氛围。

（二）在企业文化建设中，注重以人为本的企业管理文化

文化对于企业发展的核心作用是凝聚力与竞争力的形成，而企业文化是否能够发挥作用则取决于员工的心理尊重程度和务实性。人力资源是企业最宝贵的资源，公司首先要弄清员工的需要层次和机构，针对不同类型的人采取不同的激励措施。物质生活上，通过工资、奖金及工作条件的改善而得到满足；精神方面通过公司内部良好的人际关系、企业道德等得到满足，在企业环境中形成了尊重人、理解人、温暖人的氛围，员工形成了爱企、爱岗的思维模式和行为模式，并在新老员工的交替过程中不断延续，促进员工奋发向上的心理环境，确保公司经营业绩不断提高，推动组织变革和企业文化不断丰富和发展。公司根据上级要求实行竞争上岗，公示岗位条件，按德、能、勤、绩进行考评考核，建立能上能下的用人机制，使一批思想政治素质高、业务技术强，具有公正办事能力，年轻有为的青年人走上管理岗位并成为管理骨干。并通过组织设计和管理模式的变革，推行厂务公开制度，使员工最大限度地参与企业决策，激发员工在各自的岗位上努力工作。

同时，公司还注重培养员工的团队精神，无论在工程建设还是在农村配电网改造工程中，员工都是以团结务实的团队精神奋战在各个施工现场，使左云电网能为客户提供更加优质可靠的电能，员工的自我价值在企业发展中得到充分体现，充分

调动了员工的积极性，更好地为公司服务。

（三）提供客户至上的服务，树立良好的品牌文化

优质服务是占领市场的根本保证。随着电力体制改革的推进，在新的形势下，公司转变观念，真正把用户作为客户对待，作为"上帝"对待，围绕客户需求开展"用心服务"活动，全体员工充分树立市场意识、竞争意识和优质服务意识，最大限度地满足客户要求，创建企业的品牌文化。

同时，公司不再仅仅满足于客户有电用，而是为消费者和客户提供更加方便及时和高品质的服务。公司根据客户的实际需求，在调整工作思路和服务方面，提出"为民、便民、利民"的用心服务新举措，自我加压增加供电服务承诺，抓好供电营业窗口规范化建设，提高员工服务质量，倡导"努力超越、追求卓越"的服务理念。建立了供电客户服务中心，以先进的现代通信技术、计算机网络为手段，通过科学的管理手段，实现了迅速、便捷的服务，在电力企业与客户之间架起理解、沟通、信任的桥梁，全面提高了优质服务水平，树立起良好的供电企业形象，从而树立起品牌文化，赢得了更多的客户，获得了更大的效益。

三、解决问题的实践过程描述

2013年以来，公司开展"心服务、新感受"服务质量提升活动，并制定了"国网左云县供电公司'全心服务'实施方案"，以确保活动取得突出成绩，达到预期的效果，提升服务新水平，树立行风新形象。具体表现在以下几个方面：

（一）推广智能电表全覆盖

公司积极推广智能电表的应用，加强智能电表故障处理和监控分析，截至目前，没有发生一起因智能电表故障处理不当引起的客户投诉事件，公司还组织营销及供电所工作人员深入到城镇乡村的居民和工业用户中去，面对面地宣传智能

电表的性能和优点，使广大用户对智能电表有了更加深入的了解。

（二）开通"绿色通道"服务

主动服务左云重大招商引资项目，开通绿色通道；主动跟进政府，提前掌握当地招商引资和规划的信息，建立重点客户用电"绿色通道"机制，大力建设用电"绿色通道"。

（三）打造"十分钟缴费圈"

围绕"用心服务"活动，加快"十分钟缴费圈"的建设步伐。通过在左云县各个角落开通 POS 机、手机、邮政社会化代收等多种缴费渠道，全力打造"10 分钟缴费圈"。在偏远乡村也都通过服务人员上门、利用代征点等方式拓展交费渠道，不但为农村用户提供了透明、方便、快捷的交费服务，也为他们提供了便利的电费信息查询服务，解决了农村用户"糊涂账"的难题，确保农村居民"明白消费"。

（四）提供"滴水不漏"服务圈

健全故障报修、业务咨询、信息查询、停电信息发布及投诉举报的协调服务运行机制，为电力客户提供便捷高效的服务。

（五）创建"学习型服务团队"

公司通过岗位培训、技能比武等活动，激发员工（特别是青年职工）的学习热情，提高员工业务能力，加大服务人员培训力度，强化服务宗旨、爱岗敬业、真诚服务的"三种教育"，力求服务态度"礼仪化"、基础管理"标准化"、服务方式"快捷化"、特殊服务"亲情化"、优质服务"便民化"。

（六）组织"用电知识进校园"活动

在左云县多所中小学放假前夕，公司组织用电服务人员和供电所员工走进校园，进行安全用电专题讲座，宣传暑寒假安全用电常识，向学生和家长普及安全用电知识，派发专门为中小学生编写的青少年版本的《安全用电知识手册》和《农村安全用电漫画册》。

（七）开展"排忧解难"活动

公司为全县重要客户开展了设备"体检"。在用电高峰时期，为了让全县的重要客户能够开足马力开展生产，组织了专业团队，分赴多家厂矿企业，对企业的电力设备进行了全面的"体检"，并对客户进行经常性的回访，确保在第一时间为客户提供优质服务。

（八）举办"盛夏服务"活动

公司分别在左云县文化广场以及各个乡镇集市，举办政风行风和用电服务宣传活动，让广大群众更加深入地了解我们的各项工作，并向全县百姓表明公司的诚意和决心，真正做到和谐共处，相互理解，互通有无。

（九）开展"换位思考促服务"活动

公司开展"如果我是一位客户"换位思考活动，组织用电服务人员学习相关服务规定，查找服务短板。同时，结合客户关注的热点问题和服务需求，梳理出日常服务工作中的改进和防范措施，增强员工对服务重要性的认识，改善服务态度，提高服务质量。

（十）开展"节能服务"活动

公司对全县重要用户（特别是高危企业客户）开展企业节能诊断、节能知识培训，从客户角度出发，帮助客户做好用电节能减排服务。不仅如此，我们还走进社区宣传节能知识，介绍节能产品的优势，鼓励广大百姓使用节能产品。

四、对实践过程的思考和对效果的评价

实践证明，"全心服务"活动开展以后，企业与用电客户的关系变得更加融洽，用电客户满意度持续提高，再加上政府部门的认可与上级领导的肯定，使广大干部职工在各项工作中更加得心应手，国家电网的优质品牌形象也得到彰显。国家电网

公司企业文化与地域特色文化得到有效融合，加速国网企业文化在左云县落地、开花、结果。

（一）把企业文化塑造分为四个阶段，使社会对公司产生良好的印象

第一阶段为企业文化的明确。利用座谈讨论、调查研讨、个别访谈等形式，加强企业文化深度认知，将企业文化效果延续扩大。

第二阶段为企业文化的植根。通过定期发行简报、建立宣传信息专栏、设置意见箱等，将企业文化根植到每个员工内心，使之成为全员遵守的价值观念、基本信条和行为准则。

第三阶段为精神文化的共识。除了书籍由视觉革新之外，更注重以人为出发点，革除职工的不良习惯，建立优质行为规范，创造企业的良好风尚。通过对职工内、外部行为规范、标准制定、教育培训、切实督导、认真考核，使全体员工都能符合标准行为规范。

第四阶段为企业文化的推广。公司以企业文化为主题，对内外充分展示成果并造成声势，将公司知名度推至最高点；在企业的各项活动中做强势宣传，将企业文化的知名度提到最高点。包括公司参与左云县各项政治活动、内外部公开活动、公关活动、公益活动等，运用不同的方式方法，拟定策略，做全方位沟通，将企业文化巧妙地推荐给社会大众，使社会对公司产生深刻的良好的印象。

（二）塑造企业文化，营造团结和谐的人文环境

第一，通过一系列宣传企业文化活动的开展，在员工内部，基本达到人人了解公司企业文化内涵，人人贯彻企业文化精神，在每个人的一言一行中积极体现企业文化，起到了整合思想、凝聚人心的作用，营造了团结和谐的人文环境。

第二，通过不断的学习、总结，严格贯彻落实国网公司各

类工作标准、操作标准，"努力超越、追求卓越"的企业精神深入人心。

第三，企业的创新意识突破传统，迅速加强。长期以来，公司的创新表现在技术上是值得一谈，但在企业价值观方面，即人、事、物方面，迈出的步伐还不够大、不够快，留有大量值得探索与改进的地方。特别是在"五大"体系建设中，企业的决策层从企业文化研究成果中得到启发，不但在机构设置上做了更灵活更有效的调整，而且在整个企业中推行创新意识，并责成有关部门着手制定激发创新意识的方法，如岗位调整与合理配置、岗位说明书、岗位薪酬等，使全体员工都能真切地感受到变革、创新的强力冲击波，员工的危机意识增强，参与改革的热情高涨。

第四，投入思考的员工越来越多，换言之，思考的意义日趋重要。企业的执行力强是件好事，但是当执行变得毫无思辩力，毫无质疑，就绝对不是一件好事。随着企业遭遇市场竞争环境越来越激烈，客户对用电质量需求越来越高，不少员工勤于思考市场发展技巧，大胆质疑企业内部运作环节问题，勇于提出自己的独特见解，得到企业领导的认可和鼓励。

第五，企业外部环境得到了很好的改善，信誉度和美誉度得到了极大的提升，公司连续十年在当地政府公共服务行业政风行风建设中名列第一，连续十年荣获山西省文明和谐单位称号。

专家点评

作者从企业文化落地方面，提出了营造企业文化氛围，以人为本，客户至上的理念，通过多种有效的做法，全心服务获得了公司内外的一致认可，同时对实践过程中的文化塑造采用了创新做法，效果明显。

转变思路　多方沟通
提高土地征用工作效率

【单位简介】

　　国网襄汾县供电公司担负着全县 14 万余户居民生活和工农业生产的供电任务，供电面积 1034 平方千米。管辖 110 千伏变电站 5 座；35 千伏变电站 6 座。公司售电量 8.58 亿千瓦时。2013 年被国网公司评选为一流县级供电企业。

【案例摘要】

　　随着社会经济和生活的发展，对电力的需求与日俱增，国网襄汾县供电公司在电力建设用地征用过程中，积极主动向县政府沟通汇报，把电力基础建设纳入全县重点工作中进行推进，使得各项工程得以顺利进行，取得了良好的社会效益和经济效益。

姓名　张和平

单位及职务　国网襄汾县供电公司副经理

一、具体问题描述

随着国民经济的快速发展，各地的经济和基础设施投入不断加大，对电力的需求也在日益增长，为适应新形势下社会经济和人民群众生活对电力的需求，电力部门就必须加大电力设施建设步伐，解决发展中形成的电力供需矛盾。在此过程当中，变电站、输电线路的建设均要涉及土地征用的问题，而国家对土地征用的指标控制和审批手续都很严格，同时公司必须依法经营，要求对土地的使用做到合法合规，不得未批先用。而在实际工作中由于形势的需要，工期又比较紧，征地的压力就摆在我们面前。2011 年，公司生产营销楼可研及立项工作得到省公司和市、县发改委的大力支持，得到批复，并要求尽快完成土地的征用，否则不得开工。

按照这一要求，公司积极向县政府进行沟通汇报，并由县政府召集城建、土地、新城镇、相关村、供电公司召开了一次协调会，会议要求由具体用地单位也就是供电公司作为牵头部门，具体负责土地的征用工作，其他部门配合。经过协调会后，公司立即投入人力、物力进行实施。在工作开展初期，由于经验不足以及其他原因造成工作起步较快，但进展缓慢，而且具体问题越来越多，使得工作几乎处于停滞状态，主要表现在以下几个方面：

（1）政府根据城市建设规划以及地段的区位优势，把公司的选址用地确定在兴农街南段东侧，该地块地理位置较好，但四周已被征用。该地块为 17 户村民所共有。近年来村民为得到更多的补偿，均在各自承包的土地上建房造屋，种植经济林木，30 余亩地几乎全部被"有计划"地利用。简易房内长期住人，2004 年县政府就欲对此块土地进行开发利用，因征用难度大最终无果。今天同样的困难与问题再次摆在面前，而且较以前更为复杂。

（2）供电公司与土地、城建、镇政府等互不隶属，由公司牵头组织这些部门开展工作不可行，工作被动无法协调，且进展缓慢。

（3）由供电公司牵头征地，按照通常的做法，各种赔偿费用，人员的吃、住、行、补助等各种费用均由公司负担。而按照公司现行的财务制度和管理模式，一是无此项费用可支，二是不符合财务规定，造成工作无法进行，三是涉及各部门人员较多，无法控制费用，容易形成矛盾。

（4）现征用的土地为耕地，按照国家规定不能征用为建设用地。

（5）根据前一阶段工作的经历，各部门人员提出，若无公安机关的配合，对征地中的危险因素就无法有效及时控制，需增加公安执法人员参与协调工作，以备解决突发事件。

（6）村干部提出无资金、赔偿标准不明确，群众的思想工作无法展开，征地事宜无法深入协商。

以上问题均摆在公司面前，如果不逐项理顺并加以解决，后续的工作就很难有效展开。

二、解决问题的思路和方法

根据这些问题，公司及时召开专门会议，成立了征地工作小组，对前期工作进行了全面总结。并利用各种社会资源对村民的具体情况及想法进行了初步排查摸底，征询各个部门的意见和建议，初步达成以下意见：一是向县领导汇报公司生产营销楼工程建设的基本情况和作用，以征得政府的更大支持。二是不能以公司的名义征地，必须解决征地组织机构问题，而且要做到组织协调有力，并由领导组对各种问题及时拿出解决方案，对重大问题报请县政府解决。三是征地过程中公司不承担各项费用的支出，由政府成立的征地机构具体负责。四是公司最终按规定从土地交易市场一次性付款购地，并完善各项手续。

五是工作要细致深入，及时解决矛盾，做好维稳工作，不能损害政府和企业的形象。

三、解决问题实践过程描述

（一）成立征地工作领导组

公司吸取前一阶段工作中的经验教训，把工作中出现的问题和困难向县政府进行了专题汇报。并把公司的想法和企业有关规定向县领导进行了说明，得到了县领导的理解，经研究由一名县领导具体负责此项工作，成立了以政府办副主任为组长，供电公司、土地局、城建局、镇政府、公安局、相关村分管领导为副组长的县城建设用地领导组，并由政府办行文明确。具体负责兴农街地段城市建设用地征收工作，并明确了各部门的职责及赔偿标准，对征地中的各项工作进行统筹协调，提供资金保障并及时化解各种矛盾和突发事件。

（二）明确各部门的分工

在领导组的领导下供电公司负责召集协调征地的各项具体工作。土地部门及其下属稽查队对村民私自建房搭屋进行逐户排查，下达通知书。城建部门按照城市规划办理相关违章建筑处罚和拆除事宜。公安机关组织一定数量的警力，现场配合工作，并做好维稳工作。镇政府和村委会根据领导组的安排具体实施群众的理赔、搬迁、现场清理和思想工作。

（三）做好土地测量和手续的办理

公司积极会同土地部门对土地的使用性质和计划进行整理，起草各种文件，配合土地部门向市、省主管部门争取计划指标。做好土地边界的丈量和定位工作。完善土地挂牌的前期各项准备工作。

（四）申请土地竞拍的费用

向分公司汇报土地征用工作的进展情况，并将土地的使用性质、使用年限、土地价款的评估、与县政府沟通的实际情况等问题及时汇总上报，争取资金及时到位。

（五）做好外围工作，维护稳定，保障征地顺利进行

陈郭村是个城中村，而且村子在外工作人员比较多，在赔偿问题上，公司主动和村干部联系，摸清具体情况，及时向领导组反映，并借助各方力量征得对此项工作的支持，有效地化解了客观因素给工作造成的困难。

（六）为项目建设营造良好的外部环境

向政府汇报建设工程的意义，生产营销楼工程的建成将是襄汾县电力发展史上的一件大事，为县电网的调度和监控提供良好的环境，该项目得到县委、县政府的大力支持，被县政府列为 2012 年全县十大业务用房项目，并由一名县级领导包建，并要求每月向县委、县政府汇报工程进展情况，为项目顺利建设提供了保障。

四、对实践过程的思考和对效果的评价

通过对第一阶段工作的总结和改进，征地工作获得重大突破，四个月时间完成了所有的赔偿和场地清理工作，并完成了土地挂牌竞拍、签订使用合同等工作。征地工作得到群众的认可，同时为公司建设用地和全县下一步城市建设用地的征地工作提供了宝贵经验。此项工作能够得以顺利开展，一是得到了政府的重视；二是得到了兄弟部门的大力支持；三是对可能出现的问题能够超前做好应对措施；四是分公司大力支持和正确领导。

专家点评

工程项目前期管理是保证工程顺利落地的前提，其合理性关乎网架的优化及电网的可持续性发展。公司通过成立专门的工作组，集中力量协调各级政府和相关部门，积极营造良好的内外部环境，思路正确、措施具体、效果显著，有很强的推广价值。

关于员工岗位流动的实践案例

【单位简介】

国网和顺县供电公司成立于 1967 年，担负着全县十个乡镇，47100 个客户供电任务。管辖 110 千伏变电站 2 座，总容量 171.5 兆伏安；35 千伏变电站 4 座，总容量 53.8 兆伏安；35 千伏线路 6 条，77.2 千米；10 千伏安线路 25 条，890.27 千米。2010 年被山西省电力公司评选为一流县级供电企业。

【案例摘要】

如何培养与"坚强智能电网"建设和发展相匹配的人才队伍，是电力企业人力资源管理刻不容缓的任务。国网和顺县供电公司从基层实际情况出发，以队伍建设为本，结合对新进大学生管理工作的实际经验，对如何调配人力资源以及大学生如何分配，提出了自己的见解和思考。

姓名 赵茵

单位及职务 国网和顺县供电公司工会主席

一、具体问题描述

近年来,新进大学生由公司在全国范围内招聘、统一分配,所以大学生多是异地分配,起步都在县供电公司等基层单位。接受过高等教育的大学生,相对素质都比较高,所以不管到哪个单位,所在单位都会积极培养,所有的培训学习、锻炼的机会都倾向于他们。实践结束后,也能熟悉适应工作岗位,在近几年的时间内,公司先后输送了10多名工作能力强的员工到上级公司工作,但是由于后续的人员没办法及时补充,造成公司业务岗位空缺,专业技术人员缺乏,给公司正常工作带来压力,也导致了公司人才当量密度下降。

二、解决问题的思路和方法

如何培养与"坚强智能电网"建设和发展相匹配的人才队伍,是摆在电力企业人力资源管理刻不容缓的任务,作为电力企业,通过人才招聘,把优秀的人才吸纳到企业,对新进大学生和退伍军人安置问题,按照国网公司出台的"4、7、10"政策,新进公司的员工,首先要在基层进行锻炼,年限要求研究生4年,大学生7年,复转军人10年,企业不仅要引进人才,在按规定履行合同的同时,还要给他们扎根基层的政策性倾向,比如薪酬福利方面,安置时的属地问题,以及未来在岗位晋升方面优先考虑,使他们由被动留在基层变为主动服务基层。

企业人才队伍建设就是要选拔优秀员工,让这些员工到更合适的岗位上去发挥他们的才智,但是人员安置时不仅要考虑新进员工的综合素质,还要结合基层的实际情况,并通过更务实的业务培训,进一步提高员工队伍的整体素质,使大家要有一岗或多岗位的工作经验,避免县供电公司因人员调动出现岗位空缺的现象。每一位员工在做好本岗位工作的同时,其实也为上级公司提供了坚强的保障。

三、解决问题的实践过程描述

统一招聘的新进员工大多数非本地人，多是跨地区或是跨省份异地安置，由于有地域差异，存在着生活不习惯的因素，这些大学生往往在基层的培训、学习、实践结束，刚刚能胜任工作岗位时，便被应聘到上级公司。新进人员之所以不能安心在基层工作，是因为没有激励机制作用。对于基层单位来说，要想留住人才，首先要在生活上、思想上关心他们，让新进的大学生能感到新的大家庭的温暖，变被动来基层实践，为主动来基层学习、锻炼；与此同时还要有上级部门对基层单位的理解，既要发现人才，也要考虑到基层工作的实际困难。一方面要按照在招聘时的合同约定，在规定的时间期间内，新进员工尽量不要大量流动；另一方面在员工应聘到上级公司时，上级部门首先要考虑是否有其他人员能接替这个岗位，尽量不要造成空岗、缺岗，影响正常的工作。

四、对实践过程的思考和对效果的评价

从社会上统一招聘大学生，把优秀的人才引进电力企业，为公司注入新鲜的血液，这样的举措为企业的长远发展提供了坚强的人才保障，但是也要合理调配人力资源。首先，对大学生的安置，应考虑属地问题，尽量让他们到离家较近的县供电公司，这样就可使他们安心在一线、基层工作；其次，不仅要对新进员工进行系统培训，还要对原有的员工强化新专业技能的培训，把课堂搬到工作现场进行实际的操作训练，避免纯理论、满堂灌的授课形式，真正实现理论和实际操作的有机结合，每一位员工实现经验与新知识的有机结合，减少因人员调动引起空岗；第三，通过高科技的智能电表的推广应用，实现数据全采集，减轻抄收人员的工作量，抄表人员可以转型转岗，有效地解决人员短缺问题；第四，可以通过业务外委方式，解决县公司因供电半径大，线路路径长，线路维护

人员短缺的问题。通过多方面、多渠道、解决县公司因人才流动带来的结构性缺员问题，加快构建规划科学、配置高效、管控有力的人力资源管理体系，建成一支结构合理、素质优良的人才队伍。

专家点评

　　国网和顺县供电公司以队伍建设为本，从服务员工出发，结合对新进大学生管理工作的实际经验，以及新进大学生在基层流动速度快的工作实际，通过梳理思考，对公司加快构建规划科学、配置高效、管控有力的人力资源管理体系提出了新的需求，同时从自身角度出发，通过增强优秀员工归属感、合理与上级部门沟通等形式，对县公司"育才、留才、献才"的人才队伍建设打开了新思路、新方式，也对进一步提升县公司队伍建设提供了新方向和新举措。